八卦城探秘

靳文涛 著

巴蜀書社

图书在版编目（CIP）数据

八卦城探秘/靳文涛著．—成都：巴蜀书社，2019.11（2025.6重印）
ISBN 978－7－5531－1237－4

Ⅰ.①八… Ⅱ.①靳… Ⅲ.①古城遗址（考古）—介绍—特克斯县 Ⅳ.①K878.3

中国版本图书馆 CIP 数据核字（2019）第 269116 号

BAGUACHENG TANMI
八卦城探秘　　靳文涛　著

策划编辑　施　维
责任编辑　肖　静　邱沛轩　王　楠
责任印制　田东洋　谷雨婷
出版发行　巴蜀书社
四川省成都市锦江区三色路238号新华之星A座36楼
邮编：610023
总编室电话：（028）86361845
营销中心电话：（028）86361852
印　　刷　四川泽杰文化科技有限公司
版　　次　2019 年 12 月第 1 版
印　　次　2025 年 6月第 2 次印刷
成品尺寸　152mm × 220mm
印　　张　5.75
字　　数　120千
书　　号　ISBN 978-7-5531-1237-4
定　　价　58.00 元

目 录

前　言

亲爱的朋友们，您来过新疆特克斯县八卦城吗？您了解国家历史文化名城特克斯、大世界基尼斯之最八卦城吗？您了解伊犁哈萨克自治州唯一的中国历史文化名村琼库什台吗？您了解世界自然遗产地、国家AAAAA级旅游景区喀拉峻大草原吗？您了解国家森林公园、自治区风景名胜区科桑溶洞吗？

这些地方就是本书要向您全面介绍的。八卦城是"山环水抱、人杰地灵的风水宝地"。按照传统风水理论，它的四周有玄武、朱雀、青龙、白虎"四神兽"的保护。当然，"四神兽"的说法肯定是迷信，但它"四面环山，中间有水"的城市选址理念，是我们祖先几千年来经验的总结、智慧的结晶。特克斯冬暖夏凉，气候宜人，极适合人们避暑和康养。

那么大家不禁又要问，特克斯县为什么要建与周易文化有关的"八卦城"？它的文化意义、历史意义和现实意义是什么？特克斯八卦城是如此神奇，那么特克斯的村、草、林、洞、泉、山、谷、水呢？为什么在一个县域内既有"雅丹地貌"的石林，又有"喀斯特地貌"的溶洞呢？

特克斯县有"新疆草原石人第一县"的美称，众多的青铜器、陶罐和被列入文保单位的岩画、故城、古墓葬等又诉说着什么呢？

由于八卦城路路相通、环环相扣，因此这里交通便捷、四通八达；由于八卦城的坡度适中，因此供水不需要二级泵站；由于八卦城是圆形的，道路是放射形的，呈现出城中有林、林中有田的特点，因此这里是“田园城市”和中西建筑文化的交融地；由于八卦城的风向变化有规律，早晨是西风，下午是东风，中午是静风，风向变则天气变，因此八卦城的人都能预报天气。

喀拉峻大草原被联合国教科文组织列入世界自然遗产地，被国家旅游局评为国家AAAAA级旅游景区。它有哪些与众不同的景色和景点？又有什么样的核心价值？这一切的谜底，都是本书试图给大家揭示的。

特克斯县因特克斯河而得名，一说在哈萨克语中为“野山羊众多”之意，一说在蒙古语中为“平原旷野水源纵横”之意。特克斯县位于天山西部、南天山北麓的特克斯—昭苏盆地东部，这里峰岭绵亘，屏障毗连。东边与巩留县、和静县相邻，西和昭苏县接壤，南同拜城县毗连，北与巩留县、察布查尔县交界。特克斯距新疆首府乌鲁木齐市 815 公里，距伊犁州州府伊宁市 109 公里。全县四面环山，东西宽约 109 公里，南北长约 116 公里，总面积 8066 平方公里。

特克斯河从西向东贯流全境，与巩乃斯河、喀什河等交汇成伊犁河，蜿蜒向西注入巴尔喀什湖。

特克斯县城是“世界上唯一建筑完整而又正规”的八卦城，2001 年以“最大规模八卦城”入选上海大世界基尼斯之最，2004 年被列为新疆维吾尔自治区历史文化名城，2007 年被国务院列为国家历史文化名城。

特克斯科桑，2003 年被批准为国家森林公园，2009 年被评为新疆维吾尔自治区风景名胜区。

特克斯琼库什台村，2010 年被列为中国历史文化名村。

喀拉峻大草原，2013 年被联合国教科文组织评为世界自然遗产地，2016 年被评为国家 AAAAA 级旅游景区。

特克斯县，2018 年被评为“中国天然氧吧”。2019 年，被评为“中国避暑旅游十强城市”。

考古表明，早在新石器时代初期，特克斯河两岸便有人类活动的足迹。先秦时期塞种人在这里游牧。汉代这里是西域都护府辖下的乌孙部。唐朝时期先后有突厥人、回鹘人在这里游牧。宋代属西辽。元代为成吉思汗的次子察合台汗的封地。明代是厄鲁特蒙古的游牧地。清代，准噶尔叛乱被平定后，特克斯隶属于伊犁将军府，为哈萨克族、蒙古族、柯尔克孜族等3个部族的游牧地。1888年，伊犁设立府、县后，特克斯隶属于宁远县（今宁县）。1930年，从伊宁县析置巩留县，特克斯属巩留县管辖。1931年，巩留县析置特克斯设治局。设治局治所在阔布（今齐勒乌泽克镇的阔布村），辖区含今特克斯县、昭苏县及巩留县吉尔格朗乡，首任局长为常才。1937年3月1日特克斯正式升格为县，县治所仍在阔布，辖区面积不变，首任县长为赫叶儿·柏林（锡伯族）。1938年2月，析出昭苏，成立昭苏设治局。不再由特克斯管辖。特克斯县府原所在地阔布前面临河，后面靠山，地域狭窄，很难有大的发展。时任伊犁屯垦使兼警备司令的邱宗浚到特克斯亲自勘查、选址、规划，并绘制出独具特色的八卦图。1939年夏，在时任县长班吉春的指挥下，用20头牛沿着八卦图的8条射线犁出八卦城街道的雏形。同年10月22日，特克斯新街市（八卦城）建成，县政府正式迁入办公。历史上伊犁地区曾三次撤销，三次恢复。伊犁地区撤销期间，特克斯县为伊犁哈萨克自治州直属县，伊犁地区恢复期间特克斯县归伊犁地区管辖。2001年，伊犁地区撤销后，特克斯县一直隶属于新疆维吾尔自治区伊犁哈萨克自治州。

到目前为止，特克斯县下辖六镇、两乡，分别是齐勒乌泽克镇、乔拉克铁热克镇、喀拉达拉镇、喀拉托海镇、特克斯镇、科克苏镇、阔克铁热克柯尔克孜民族乡、呼吉尔特蒙古民族乡。特克斯县共有63个行政村、17个社区。此外，特克斯县境内还有新疆生产建设兵团第四师七十八团场、新疆天山西部国有林管理局特克斯分局、伊犁州特克斯马场。

目前，全县总人口为14.9万人，境内居住着汉族、哈萨克族、维吾尔族、蒙古族、回族、柯尔克孜族等31个民族。

我们本着保护和利用中国历史文化名城名村和世界自然遗产地的文化自然景观、挖掘其文化内涵、发挥其重要作用的目的，用“文化自信”和“文化润疆”的理念，积极讲好特克斯故事。

谨以此书献给来特克斯旅游观光、投资兴业、检查指导工作的各界朋友，献给勤劳、善良、朴实的特克斯各族人民，为特克斯县的文化旅游事业发展添砖加瓦。

本书内容大多为靳文涛所撰，其他作品均已标注撰稿人。匆忙之中，难免有诸多疏漏，敬请朋友们批评指正。

靳文涛

第一章　国家历史文化名城八卦城

第一节　八卦城“风水”简介

一、《易经》风水

古代风水学说原本是以《易经》天、地、人三位一体、和谐相宜的理论为指导，去探寻更适于人居的地理方位和环境的学说。至于后来把迷信的内容掺和进去，那就是错误的，要将其剔除出来。我们应当辩证地继承、创造性改造、创新性发展，吸取精华、去其糟粕。

风和水，本是《周易》八卦之中巽卦和坎卦的象征物。《周易》认为世界的本原是分阴阳的，同时阴阳也是互补的。世界可分为天、地、人三个层面，通称为“天、地、人三才”。八卦的乾、坤、艮、兑、巽、震、坎、离，即为构成世界的天、地、山、泽、风、雷、水、火八种基本物质。我们的祖先在千百年的生活实践中，深刻体验到了天、地对人生存的影响是那样直接和密切，特别是人类赖以生存的“风”（空气）和“水”，被认为是生命存在的最根本条件。“风水”一词，从字面上讲“风”是流动的空气，“水”是大地的血脉，万物生长必须依靠它们。有新鲜空气（风）和清洁甘泉（水）的地方，生命就生生不息。

以上可知，《易经》与风水学说实际是源与流的关系。譬如中国医药学，它是建立在阴阳五行的整体理论之上的，以辨别、调节人体的阴阳、虚实、表里、寒热等为要务，从而协调人体内部以及人与环境的关系。又如传统地理学，它也是建立在《易经》理论基础上的，强调“气”“势”“理”“形”等地理特性，强调“天人合一”“天人感应”“天人互补”，把人类赖以生存的天地看作一个有生命的、活的有机体，从而与人密切相连。

“风水”就是人类居住、生存、繁衍、发展的生态环境。它包括阳光、空气、水质、气候、土壤、食物、声音、色彩等诸多自然科学的环境因素和社会科学的心理因素，时时刻刻影响着人们的身心健康。《易经》追求的是天、地、人高度合一的境界，而风水则是达到这种境界的理想生态环境。

从古至今，人类的居住问题都是一个永恒的话题。风水学说，包括人居建筑的全过程，是理论与实践的结合。在当代，林立的高楼满足了人类住房需要，却更多地牺牲了人类赖以生存的可持续发展的环境。怎样去解决当今人居环境中普遍存在的生态失衡、景观无序、人地矛盾、人情冷淡、文化匮乏的种种问题？中国的传统风水思想中关于崇尚自然、尊重环境、天地人和谐、创诗画境界的生态环境观，为我们建设美好的人居环境，提供了切实可行的新思路。

自古以来，我们的先祖就把选址定居作为头等大事来对待。选址定居的经验日积月累，后来日臻成熟，便形成了一门选址的学问——相地术，也叫堪舆术。

二、八卦城“风水”

在中国传统堪舆理论中，具有文化象征意义的“朝山、案山、朱雀、玄武、青龙、白虎、明堂、水口”等元素在八卦城都有十分完整的体现。八卦城在“形、势、位、神、韵”等方面都与传统风水学说相吻合。从这个角度看，八卦城的自然环境也独具特色。

八卦城全景

三、左青龙、右白虎

砂山，也叫“护山”，即东面的“青龙山”和西面的“白虎山”。

在县城的东西两侧、特克斯河的S弯里各有一座山。东边的山叫达更别勒山，哈萨克语意为“马脖子山”。它连绵起伏，低昂回转，尾在东，头在西，酷似龙在阔克苏河和特克斯河交汇处戏水。龙的头、身、尾、爪都能看得非常清楚。该山海拔高度为2305米，东西长46公里，南北宽6公里。

在县城西侧15公里外有阿腾套山，哈萨克语意为“马山”。为什么叫马山呢？一是山的形状酷似一匹卧着的马，二是山上的牧草特别适合马的生长需要，著名的汗血宝马就产在这一带。至今流传的故事称，哈萨克民族英雄“哈班拜”每次出征前都要到这里征集战马，打完胜仗回来后，又把战马放回该山放养，以备再用，所以当地人称之为“马山”。该山海拔高度为2140米，东西长24公里，南北宽15公里。

青龙山

堪舆学以左边之山为“青龙”，右边之山为“白虎”。龙虎为卫穴之山，用以保生气而收堂气。其山若翼而抱，若夹而侍，若卫而护，青龙蜿蜒，白虎驯服。也就是说青龙山蜿蜒曲折，活泼舒展，白虎山如同家犬驯服而不扰。而八卦城的两个护山，左面的达更别勒山和右面的阿腾套山恰恰如此。东西两山相对而立，与县城形成绕抱拱揖之状。两山既能阻拦外风，又能内增气势。

白虎山

四、前朱雀

八卦城前有“朱雀山”，也叫“朝山”。在哈萨克语中叫“木孜套峰”，意为冰川峰，是天山山脉贴尔斯开套山（哈萨克语意为阴坡山）的主峰，海拔高度为4902米，终年积雪。由于山峰特别像“山”字，两侧有两个凹槽，所以称之为“笔架形朝山”。更为奇特的是整个县城正南方向的山势酷似“孔雀开屏”：以木孜套峰为头，博孜阿德尔山和迈特格尔山为两翼，以阿特恰比斯（哈萨克语意为赛马场）台地为尾。如果是晴天，站在八卦公园的既济亭或太极眼摩天轮上一眼望去，即可见惟妙惟肖、形态逼真的孔雀开屏图，还能看到雪山、森林、峡谷、草原。如果幸运，用高倍望远镜还可能看到森林里的各种珍贵野生动物。

特克斯河南岸的“阿特恰比斯”是一个高高的平台，土地肥沃、水草茂盛、地域开阔，逐渐向南延伸，与群山相连，可以称得上是一字形书案山。“朝山”和“案山”的形和势，与风水上所谓“点穴定要看朝山，朝若真兮穴亦真，两水夹来为特朝”“前面有案值千金，最喜三台玉几形”相吻合。所以八卦城的朝山“木孜套峰”可称为特朝山，因为它刚好处在特克斯河和阔克苏河两河的中间位置。八卦城的案山“阿特恰比斯”又是“三台玉几形”的一字形书案山，可谓“外锁千重，不如眠弓一案，一案能藏百杀”。

朱雀山

五、后玄武

玄武山也叫“靠山”。八卦城北侧有一座凹形的山叫“乌孙山”，海拔高度3600米，县境内东西长142公里，南北宽33公里。该山为什么叫乌孙山呢？因为这里曾是西汉辖下乌孙人的游牧地，所以该山称之为乌孙山。该山环绕八卦城西北、正北和东北，按“寻龙九势说”，山势的走向是一条标准的“回龙”。它形势蟠迎，朝宗顾祖，如舐尾之龙、回头之虎，以巨大身躯环抱着八卦城。“龙首”在东，似饮似吟，磊落低昂；“龙尾”在西，缠山回转，回顾有情；北方则如“龙身”，势顺形动，其势摆掉，或闭迹藏踪，或见形露骨，欲进复却，欲止又行。该山在堪舆上称为玄武山。

八卦城及玄武山

六、水口

所谓水口，就是这个区域河水的入口和出口。八卦城南面有一条蜿蜒曲折的河流叫特克斯河。该河发源于哈萨克斯坦，途经中国新疆的昭苏、特克斯、巩留三县，沿线有多条支流并入其中，年径流量 80 亿立方米。河水从特克斯县城西侧的“白虎山”流出，“亲吻”县城后向东流，再顺着县城东侧的“青龙山”，汇入恰普其海水库，旋转 180 度后流入伊犁河。堪舆家认为，“天不足西北，地不满东南”，西北方地势高亢为“天门”，东南方低下为

“地户”，“水口的进口要宽，出口要窄，出口要犬牙交错，欲去无归”。水流方向要是能从西向东为最佳，称之为“天门开、地户闭”。而特克斯河的流向从西至东，进口由几十条支流组成，出口在恰普其海水库的大坝处，符合进口宽、出口窄、犬牙交错的要求。

八卦城四周的自然生态环境，真正称得上“四面环山，山环水抱，依山傍水，空气清新，阳光充沛，土地肥沃，青山绿水，浅冈长阜，平板深壑”。中国传统风水理论中，具有文化象征意义的“朝山”“案山”“来龙”“去脉”“朱雀”“玄武”“青龙”“白虎”等元素，在八卦城都有十分完整的体现。

山环水抱的八卦城

第二节 “风水”的科学性

一、八卦城是“风水宝地”

从我国传统的选址和规划布局经典理论去看，八卦城可谓精品，占尽天时、地利、人和，是一块不可多得的“风水宝地”。

八卦城人居环境舒适，一年中最热的七、八月平均温度也只有18℃。

由于八卦城四周是雪山、森林、草原和水系，相对湿度年平均为60%（理想标准为50%—70%之间），因此八卦城的相对湿度极为理想。

由于八卦城四周青山绿水，空气没有污染，空气洁净度和负氧离子含量都极为理想，所以2018年特克斯县被评为“中国天然氧吧”。

由于八卦城地势平缓，坡度适宜，因此八卦城是全国唯一一个供排水不需要二级泵站和减压池的城市。整个县城西北高，东南低，坡度适中，没有大的高低起伏，所以县城的供水场设在西北方向的五环外制高点，污水处理场设在东南方向的最低点。供水和排水既不需要加压，也不需要减压，特别节约成本和能源。

由于八卦城的道路环环相扣、路路相通，所以八卦城是一个交通便捷、不堵车的城市。

由于八卦城道路骨架呈圆形、放射状，形成了“城中有林、林中有田”的规划布局，这正是20世纪30年代英国著名的规划师霍华德所期望的“田园城市”的真实模型，所以八卦城是中西建筑文化的交融地。

八卦城天山堆雪，云谷聚秀，一脉汇流，百川涌汇，它是优美的自然景观与人类建造家园的智慧相结合。易理立城，寓意深远，使八卦城各族人民生活在美丽、舒适、祥和的生态环境中。

二、八卦城“风水”的科学性

人们在不断改造自然的同时，也在了解、利用和顺应自然。风水学说的一个核心内容就是不去破坏自然生态，而是选择适应自然生态，避开不宜人居之处，求得山川佳地。因此，风水理论从一开始即是唯物的，也是辩证的。

特克斯八卦城的选址，是风水理论选址的精品。那么，四周的山和前面的水对特克斯的气候起了什么作用呢？又是什么原因使特克斯成为阳光充沛、温度适中、没有风害的天然氧吧呢？

首先，北面的乌孙山（玄武）的围护，在一定程度上阻隔了西伯利亚冷空气的侵入，减轻了寒潮对八卦城的影响。

其次，南面天山山脉（朱雀），海拔高度 4902 米，终年积雪，有效阻隔了塔里木盆地的沙尘暴和热浪的侵入，使八卦城夏天凉爽且没有扬沙天气。

再次，东边的达更别勒山（青龙）和西边的阿腾套山（白虎）在特克斯河的 S 弯里，阻止了河道峡谷的侧风，使八卦城没有风害。不仅如此，由于八卦城处于两个局域性热环气流的中间，形成了八卦城的奇特风向：早晨为西风，下午为东风，中午为静风，每天如此。如果风向改变了，那肯定要出现雨雪天气。所以八卦城的人们只要留意风向都能预报天气，人人都能当气象专家。

最后，特克斯河及其支流的 80 亿立方米的水，使特克斯水资源特别丰富。河水既能发电，又能灌溉，还是八卦城的天然加湿器。

因此中央文史研究馆馆员、中国周易研究学会会长、山东大学易学与中国古代哲学研究中心原主任刘大钧教授专门为特克斯八卦城作了一副对联:“祥云浮游特克斯，天风鼓吹八卦城”，横批为“循道得城”。这里的“道”即规律，包含自然规律和社会规律。“循道得城”也就是遵循自然规律和社会规律得到的城市。

我们的祖先经过几千年的实践，总结出了依山傍水、山环水抱的选址原则。由于受科学技术水平的限制，因此当时的人只知道这样好，而不知科学依据是什么，所以就附会了“四神兽”保护的说法。

特克斯地处祖国西部边陲，是各民族聚居的地方，在这里建一个八卦城，具有深远的社会意义、历史意义和政治意义。这里所具有的人文环境、生态环境使特克斯成为全国乃至世界著名的避暑胜地和探索《周易》奥秘的旅游胜地。

航拍八卦城（一）

航拍八卦城（二）

航拍八卦城（三）

八卦城夜景

第三节　八卦城的选址规划和设计

一、特克斯建县

1931年，从巩留县析置出特克斯设治局，治所设在阔布（现齐勒乌泽克镇阔布村）。“阔布”是哈萨克语，意为“干沟”。“阔布”是特克斯设治局（含今昭苏县全境）仅有的6个村落之一，当时有1000多人口，应该说已是“繁华之地”了。在当时，将局治所设在特克斯、昭苏中间，同时又有交通主干道穿过的阔布，也是合理的。

随着政治、经济和社会的发展，1937年3月1日，特克斯升格为县，县府仍在阔布。县辖区为特克斯、昭苏全部区域，1938年，昭苏析置为设治局，首任县长赫叶尔·柏林（锡伯族）。

赫叶尔·柏林（锡伯族）

二、八卦城的选址

1936 年冬，伊犁屯垦使兼警备司令邱宗浚来特克斯视察，看到即将成为县府的阔布有很大的局限性。它背靠丘陵，前面紧濒特克斯河，地域狭窄，并且一下雨就有洪灾，不下雨就会干旱，基本靠天吃饭，没有大的发展前景。于是他决定迁城。那么新县城建在哪里合适呢？1937年，邱宗浚带领苏联技术员、风水先生、千户长等一行二十多人，沿特克斯河勘察选址，经过认真勘察，拟定了三个方案。

第一个方案，是在特克斯河南岸的阿特恰比斯。那是一个高高的平台，土地肥沃，地势平坦。经过讨论，有两个人提出反对意见。苏联技术员从技术角度提出："原设治局在特克斯河北岸，主要居民在北岸，现在到南岸选新城，来回都要渡河，交通不便；并且高高的平台上面水资源缺乏，不是理想之地。"风水先生按照传统的风水理论说："按照风水理论的选址要求，要首先选'阳位'（山南水北为阳），其次才选'阴位'（山北水南为阴）。这里属于阴位，不是风水宝地。"因此该方案被否决。

第二个方案，是在阿克奇（今齐勒乌泽克镇阿克奇村），哈萨克语意为“白芨芨草”。讨论中，还是苏联技术员和风水先生提出不同意见。苏联技术员提出，这个地方属于丘陵地带，虽然地域宽广，但是土地不平坦，忽高忽低，给居民的生活带来不便。特别是将来建供水和排水系统的时候，有加压和减压的问题，会产生大量费用。风水先生提出，按照风水理论的标准去衡量此地，该地作为“穴位”，不是“四神兽”所围护的中心位置，作为县府的城址应该再往东面移才好。

第三个方案，就是现今八卦城所在地。邱宗浚一行到达这里以后，大家都很满意，特别是“风水先生”和苏联技术员都赞不绝口。它坐北朝南，背靠形似蟠迎、朝宗顾祖的乌孙山，面迎湾环曲折、色碧味甘的特克斯河，是风水理论选址的精品，是山环水抱、人杰地灵的风水宝地。苏联技术员也认为这里阳光充沛、气候宜人、水源丰富、土地肥沃、平缓开阔、依山傍水、环境优美，非常适合人们聚居。

于是大家一致同意在这里建造新县城。城址是定下来了，但建一座什么样的城市呢？邱宗浚根据周文王后天八卦画了一张八卦草图。当苏联技术员看到邱司令在地上画的一个圆形、放射形道路骨架图时，不禁拍手叫好:“这就是欧洲国家的理想‘田园城市’啊!”经过一行二十多人的讨论，今天的八卦城布局就定下来了。

就这样，20 世纪 30 年代规划设计的八卦城一直保留到了现在，并且被国务院列为国家历史文化名城。

第四节 八卦城蕴含的易理

一、八卦城蕴含的易理

《易经》是“群经之首、大道之源”，是中华民族优秀传统文化的典型代表。

《易经》的泰卦《彖辞》里有一句名言：“天地交而万物通，上下交而其志同。”意思是说：天地交合风调雨顺，人与自然要和谐共生；政府官员要深入到群众中去，为群众办实事，群众才能真心实意地拥护政府，志向和目标才能一致。此话告诉我们一个深刻的哲理：人们要保护自然，利用自然，达到天、地、人和谐发展的目的；上下级之间，各民族之间，人与人之间，都要互相尊重、交融、交流、交心，只有这样才能实现国泰民安。

特克斯县是一个多民族聚居的边陲县城，用《易经》的原理建设一座八卦城，用文化符号彰显民族团结、上下交融、国泰民安，这一切都具有深远的历史意义、文化意义、政治意义和现实意义。

八卦城城区结构规整而严谨，县城街道环环相扣、路路相通，正寓意着各民族大团结，手拉手和睦相处。以城区的太极图为中心，按照八卦方位向外辐射出 8 条主街，每条街长达 1.6 公里，每隔 360 米，增设一条环道连通，一共有 5 环。县城一环路为 8 条街，二环路为 16 条街，三环路为 32 条街，四环路为 64 条街，五环为收圈（环城路），与周易的六十四卦完全吻合。每条街以八卦方位乾、兑、坤、离、巽、震、艮、坎分别命名。

航拍八卦城一环

八卦城气势雄伟、规模宏大，城区街道纵横交错，宛如一个八卦罗盘，囊括了《周易》的全部卦象，文化底蕴极其丰厚。八卦城用它极为生动的外在形象，精彩地演绎了代表东方文化的《周易》学说的深刻内涵。

班吉春

二、八卦城建城

经过两年多的准备，到 1939 年夏，时任县长班吉春开始带人修建八卦城。据史书记载，当时这里水草丰茂、灌木丛生。班吉春首先命人把沿路的灌木林砍掉，依照邱宗浚设计的八卦图形测量、打桩、放线。由于当时没有线绳，就从商店买来布匹，撕成布条当线。最后，用20头耕牛犁出了八卦城街道的雏形。当年10月22日，县政府正式迁入。由于当时人口较少，就将二环以外的扇形地块进行开发和拍卖。根据上交牛羊的数量，将土地分别划给了部分牧主、商人和群众。20世纪30年代形成的放射形道路布局，一直保留到了现在。

三、理想田园城市

20世纪30年代，我们国家还比较贫穷落后，而欧洲各国已经完成了工业革命，而工业革命带来了交通拥堵、环境污染等“城市病”。为解决“城市病”，英国著名规划设计师埃比尼泽·霍华德，提出了“田园城市”理论。

那么，这个“田园城市”是什么样子呢？它是圆形的、放射形的，是城中有林、林中有田的城乡结合布局，后人称之为“霍华德理论”。八卦城正与“田园城市”的理念不谋而合。所以“八卦城”是中西建筑文化的交融地。

霍华德及理想田园城市模型

第五节　易经文化园

一、易经文化园概况

八卦城西面有一座“易经文化园”，原名八卦公园。公园占地面积 200余亩，是特克斯易经文化最集中、最全面的展示中心。来到这里，你可以在欣赏美景的同时增加学识，可以在放飞心情的过程中感受传统文化的魅力。

二、易经文化园的发展变化

2001 年，县政府经过考察研究，决定在原电力公司火力发电厂基础上改建八卦公园。由于资金缺乏，直到 2004 年特克斯县被新疆维吾尔自治区人民政府列为历史文化名城，八卦公园一期工程才正式开工兴建，修建了包括门楼、八卦台、周文王铜像、八卦展览馆、八卦城微缩景观以及门楼两侧商业用房和办公用房等建筑。2005 年完工并开始接纳游客。

2008 年开工兴建八卦公园二期工程，修建了包括大易碑廊、书画碑廊、书画院等建筑。2009 年竣工并投入使用。2016 年，八卦公园被国家旅游局批准为国家 AAA 级旅游景区。

2016 年，民营企业亨利贞德有限公司投资 3000 万元兴建了太极眼摩天轮、喷泉及附属设施。

2017 年，县人民政府启动八卦公园第三期工程，将八卦公园与太极眼摩天轮并为一体，沿线建设“易经之路”、乾坤亭、恒泰亭、既济亭，并建造伏羲铜像、孔子铜像等。

2018 年，县人民政府又启动第四期工程，建设包括太极水池、八卦迷宫等景点，并恢复炮台遗迹。11月，八卦公园更名为“易经文化园”。

易经文化园的发展是特克斯易经文化发扬光大的表现。经过历届县委、县政府和专家学者的开发和打造，特克斯已经散发出浓厚的文化气息。

《易经》曰：“观乎天文，以察时变；观乎人文，以化成天下。”文化是民族强盛最重要的标志。在特克斯这样一个以八卦城著称的边陲小城，学习、研究、弘扬《易经》文化，对于社会稳定、民族团结、经济发展，都具有重要的现实意义和深远的历史意义。

三、“三圣”铜像

东汉班固在《汉书·艺文志》中记载《周易》成书“人更三圣，世历三古”，此说法一直被后世所推崇。特克斯县易经文化园内有伏羲、周文王、孔子三位圣人的铜像，对伏羲演绎先天八卦、文王推演后天八卦和孔子作《易传》的故事做了诠释。

（一）伏羲铜像

八卦公园后院有一座伏羲铜像，铜像采用锻铜工艺制造，基座高1.48米，铜像高3.7米。铜像展现了伏羲的两大贡献：一是手托八卦盘，表现了伏羲创造先天八卦；二是伏羲身边有一条巨龙盘绕，表现了伏羲融合各部落图腾来创造龙，形成了共同的图腾。

伏羲，风姓，燧人氏之子，又写作宓羲、庖牺、包牺、伏戏，亦称牺皇、皇羲、太昊,《史记》中称伏牺，又称青帝。伏羲生活在中国古史的传说时代。那时候，人兽同伍，是一个“人生之始也，与禽兽无异，知其母而不知其父，知有爱而不知其礼，饥则求食，饱则弃余，茹毛饮血而衣皮革”的渔猎社会。

相传伏羲人首蛇身，与女娲兄妹相婚，生儿育女。他根据天地万物的变化，创造了占卜八卦，还创造文字结束了“结绳记事”的历史。他又结绳为网，用来捕鸟打猎，并教会了人们渔猎的方法。他还发明了瑟，创作了曲子。伏羲称王一百一十一年以后去世，历史上留下了大量关于伏羲的神话传说。

中华民族向来有“三皇”“五帝”的传说，古史文献中亦不乏其记载。但传说中的三皇究竟指的是谁？从先秦至西汉就有多种说法。魏晋以后，各家史书均认为是太昊伏羲氏、炎帝神农氏、黄帝轩辕氏。太昊伏羲氏为“三皇之首”“百王之先”。他的主要贡献是：画八卦，造书契；作甲历，定四时；结网罟，兴渔猎；养牺牲，充庖厨；造琴瑟，歌扶徕；正姓氏，制嫁娶；建屋庐，始定居；尝百药，制九针；造干戈，饰武功；以龙纪官，号曰龙师。

《易·系辞下》：“古者，包牺之王天下也，仰则观象于天，俯则观法于地，观鸟兽之文与地之宜，近取诸身，远取诸物，于是始作八卦。”《尚书·序》：“古者伏羲之王天下也，始画八卦，造书契，以代结绳之政，由是文籍生焉。”从而后世都公认是伏羲创造了先天八卦。

易经文化园伏羲铜像

伏羲铜像近景

（二）八卦台及文王铜像

易经文化园内，正对大门的就是八卦台及周文王铜像。八卦台高 2 米，周文王铜像矗立在八卦台中央，净高 4.4 米，总高度 6.4 米，喻指 64 卦。八卦台底部是较大的圆形，上部为较小的方形，寓意天圆地方、脚踏实地。周文王铜像采用镀铜工艺，由新疆建筑行业泰斗、著名建筑规划师陈震东先生设计，由新疆著名雕塑家“古铜张”铸造。铜像高大挺拔、器宇轩昂、雕刻精细、栩栩如生，是新疆铸铜类人物雕塑的精品。

八卦台正面，是中国书法家协会理事、新疆书法家协会主席、西泠印社社员赵彦良先生题写的“周文王”三字，东侧是中书协会员、新疆书协原副主席席时璐先生题写的“自强不息”，西侧是中书协理事、新疆书协原主席于小山先生题写的“厚德载物”，背面是中书协会员、特克斯县书协原主席杜殿卿先生题写的《文王记》。

八卦台的八个面，分别刻写着八卦的卦名、卦象、卦辞及成语解读，还有二十四节气、天干地支、六十四卦象、十二属相等传统文化的内容。其中卦辞的成语解读，由中国周易学会理事、山东大学易学与古代哲学研究中心兼职研究员、特克斯县周易研究学会原会长靳文涛先生撰写，并由特克斯县著名书法家舒经军先生书写。

周文王铜像

（三）孔子铜像

进入易经之路，孔子广场赫然映入眼帘。孔子铜像坐落于广场中央。孔子手抚竹简，端坐正中，态度和蔼，目光炯炯。铜像总高 4.05 米，其中底座高 1.15 米，像高 2.9 米。传说孔子晚年喜欢读《周易》，但当时没有纸，文字全是写在竹简上的，书是用牛皮绳将竹简串联起来的，孔子翻来覆去地看，竟然把穿竹简的牛皮绳子翻断了多次，所以有了“韦编三绝”的成语，用来比喻读书勤奋用功。

孔子，名丘，字仲尼，生于春秋时期鲁国陬邑（今山东省曲阜市），是中国著名的思想家、教育家、政治家，被联合国教科文组织评为“世界十大文化名人”。孔子一生修《诗》《书》，定《礼》《乐》，序《周易》，作《春秋》（另有说《春秋》为无名氏所作，孔子修订）。

孔子铜像

四、“太极眼”摩天轮

“太极眼”摩天轮是八卦城中的最高建筑，矗立于易经文化园内，犹如巨龙昂首俯瞰着八卦城，守卫着八卦城。

摩天轮主体建筑高约 90 米，是中国西北最高的摩天轮，也是世界最大的立体、动态太极图。2017 年 6 月，以“最大的太极主题摩天轮——太极眼”被列入上海大世界基尼斯之最。

摩天轮轮体面积约 6000 平方米，轮体上布置了以太极阴阳鱼为主题的挂饰及“十二消息卦”卦象，并设计了以易经文化和阴阳五行为基本元素的大型灯光亮化工程，使“太极”“两仪”“四象”“八卦”图形不断变化。“太极眼”的不停旋转，象征时间和世间万物的轮回。摩天轮展现了昼夜交替、春夏秋冬四季变化、山川河流周流不滞以及阴阳五行相生相克。同时，用黑白两色布置轮心太极眼，用五种（五行）颜色布置48个座舱，使其极具观赏性。

白天，可在摩天轮上俯察地貌，具有文化象征意义的“青龙山、白虎山、朱雀山、玄武山”以及“龙脉、砂山、案山、水口、穴位”等“风水”精品尽收眼底。

晚上，可在摩天轮上仰观天文，日、月、星辰及天、地、水、火、雷、风、山、泽等“八卦”元素尽入眼中。灯火辉煌、迷宫一般的“八卦城”夜景更是让人流连忘返。

太极眼摩天轮让人进入一个全新的视界：

一是感受“天人合一”“天地交而万物通，上下交而其志同”的和谐宜居城市的全貌和哲理。

二是感受“中国风水第一城”、大世界基尼斯之最“最大规模、最完整的八卦城”之“乾坤卦爻满、八纵五环罗”的独特魅力。

三是感受“路路相通、坡度适中、没有内涝、不需二级泵站、环保节能”城市的神奇景观。

四是感受中西建筑文化交融交流的典范——“田园城市”和中国传统建筑文化合二为一的独特美景。

五是瞭望细君公主曾经居住的“乌孙夏都”，那里是世界自然遗产地、国家AAAAA级旅游景区喀拉峻大草原。

总之，“太极眼”摩天轮是观看八卦城、拍摄八卦城的一个好去处，既可一览特克斯的雪山、碧水、草原、森林、名城，又可感受《易经》文化，领悟《易经》智慧。

摩天轮和八卦城

既济亭和摩天轮

五、书画碑廊

在八卦城的易经文化园，你既可以感受易经文化的博大精深，也可以直观地感受传统书法的魅力。易经文化园进门右侧，是书画碑廊。碑廊长106米，始建于2008年，于2009年10月与大易碑廊同时竣工，当时镌刻书画作品116幅。后来，在易经文化园大门、文王铜像周围、易经之路大门、乾坤亭、恒泰亭、既济亭等牌匾、楹联上新增了名家作品26幅。在这里，你可以真切地感受到笔走龙蛇、力透纸背的中国书法气韵。这里是人们欣赏、学习、感悟艺术文化的独特课堂。

书画碑廊

1993年，特克斯县举办“八卦杯”国际书画大赛，共收到来自海内外书画作品9000余件，其中书法作品8000余件、画作900余件。大赛评选出优秀作品300余件。书画碑廊以“八卦杯”国际书画大赛获奖作品为主，近年来更兼收有知名书法家部分作品。

这些作品中，有中书协原主席张海先生题写的“八卦展览馆”“坎街”，有沈鹏先生题写的“八卦杯国际书画大赛”，有中书协原副主席刘炳森先生书写的“书连八卦，墨醉西陲”，有中国书协现任主席苏士澍先生书写的“裒多益寡，称物平施”，有中央文史馆馆员、中国周易学会会长刘大钧先生题写的“厚德流光”。还有一大批国内外著名书法家的作品。

进入这条墨色芬芳的廊道，你就会发现书法中看似简单的一撇一捺竟然深深地植根于民族血液之中。这就是千百年来上至帝王将相、下至平民百姓喜爱极深的书法的魅力。

行书洒脱飘逸，雄浑凝练，隽爽流畅。时而如苍鹰兀立，遒劲有力；时而如金蛇游弋，延绵起伏。一管柔毫，一张宣纸就让物我之真、万象之美、天地万物之变动跃然眼前。字间所表现出来的姿韵萧散，是超然于物的雅逸之风。

狂放的草书蓦地而来，忽然而去，有着令人眼花缭乱的飞腾之势。时而如行云流水，连绵不断，蹁跹起舞，婀娜迷人；时而如山峦叠嶂，大开大合，气势磅礴，激情洋溢。心手两忘，随意地抒发心中的激昂慷慨，用文字淋漓尽致地展现胸中万千情愫，让人从中感受到生活的自由自在与无拘无束，多么潇洒自如!

隶书群鸿戏海，舞鹤游天，朴实无华而兼纳乾坤，铁书银钩，冠绝古今。书法里融入了儒家的坚毅、果敢和进取，也蕴含了老庄的虚淡、散远和沉静闲适，还有一种不求丰富变化、在运笔中省去尘世浮华以求空远真味的意味。其色、形、浓淡枯湿、断连辗转、粗细藏露皆变数无穷，气象万千。

楷书像关羽坐帐，正气逼人；又如文天祥过零丁洋，豪气冲天，节贯今古。整齐的章法稳定、庄重，多变的笔法因字赋形。在多样性、变化性中和谐统一，轻重缓急处理得当。静若处子，动若脱兔；静中有动，字中融情。古墨轻磨满几香，砚池新浴灿生光。或劲健，或婉转；或如婀娜窈窕的美人，或如矫健勇猛的壮士；或如春风拂面，繁花一片；或如北风入关，深沉冷峻；或如壮士拔剑，神采动人。

书法占据着华夏文明的一席之地，在古典文化艺术领域中有着至高无上的地位。在书画碑廊中蓦然回首，我们发现在篇篇笔墨背后，屹立着的是一尊绵亘千年的艺术风骨。

书法爱好是高雅的爱好，提笔在手，横竖撇捺，一招一式，一笔一画，都有着不同的底蕴。这正是："忙不迭，千年碑易拓，却难拓你的美。……摹本易写，而墨香不退与你同留余味。手书无愧，无惧人间是非。……"

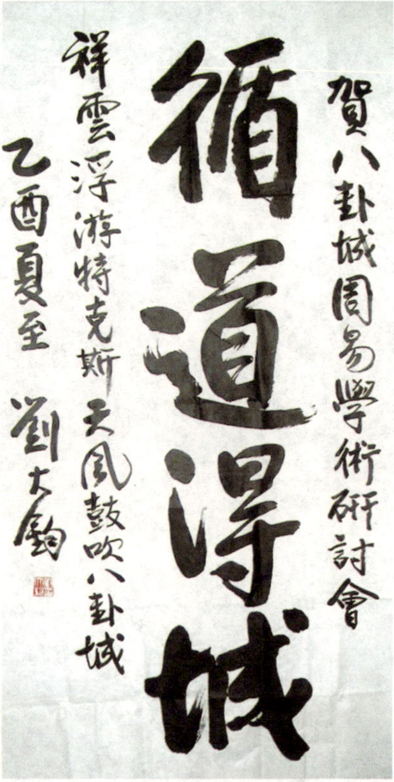

书画碑廊作品

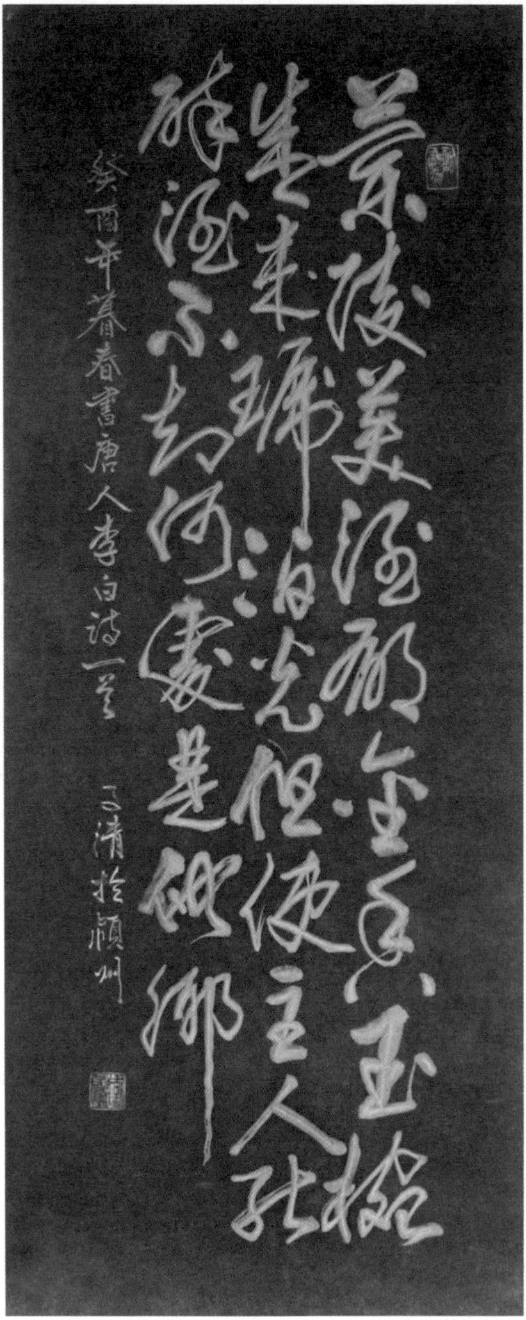
兰陵美酒郁金香玉碗盛来琥珀光但使主人能醉客不知何处是他乡
癸酉年暮春书唐人李白诗一首

六、大易碑廊

易经文化园中除了与周易相关的建筑以外，最值得研究和观摩的无疑当属大易碑廊了。大易碑廊是全世界规模最大、内容最全的《易经》碑廊。它将《周易》今、帛、竹三个版本的卦爻辞、孔子《易传》集中刻在廊道中的石碑上。来到易经文化园，就不能不感受一下“大易碑廊”深厚的文化内涵。

中央文史研究馆馆员、中国周易学会会长、山东大学终身教授刘大钧先生亲自对经文内容进行了审定，并亲笔为大易碑廊题名。工程竣工后，他又专程前来为大易碑廊揭牌。同时，他还专门撰写了《〈大易碑林三本石经〉前言》，全文如下：

《周易》乃先秦古籍，至汉时独尊儒术，其独具魅力的学术品格和渊深溥博的文化意蕴使之卓立于群经之上，被推为“五经之首、大道之源”。

其后，历代学人无论何家何派，均对该书推崇备至，前后相续，研习不辍，形成了一条“极天地之渊蕴，尽人事之终始”的易学文化长河。此易学文化长河，浸透于中华传统文化之各个层面，影响深广而巨大。仅易类著作就达三千多种，远非其他类论著可比。《周易》是中国古代智慧之结晶，亦是中国古代智慧最为杰出之代表。质而言之，如欲深切洞窥中华文化之蕴奥，体认中华文化之精髓，《周易》一书实为必由之门径。

我们今日所见的通行本《周易》乃汉魏之际所定，究其源则属西汉费直所传之古文本，而非立于学官之今文本。换言之，通行本《周易》虽是最权威的版本，但也只是诸种《周易》文本之一，并不能够代表先秦以及汉初《周易》文本之全貌。由《经典释文》观之，汉魏学人所用《周易》诸本文字多有不同，有字异义同者，亦有字异义亦异者。这些皆说明，历史上《周易》文本具有多样性和复杂性。长期以来，学界苦于史料之匮乏，无法就《周易》文本之本来面貌及其多样性展开深入的研究。可值庆幸者，近四十年来一批简帛易学文献先后出土，并被陆续整理出版，弥补了早期易学研究史料不足的缺憾，其中以马王堆帛书《周易》和上海博物馆藏战国楚竹书《周易》最有价值。马王堆帛书《周易》，乃是汉初抄本，沉埋地下两千多年，原封不动地保留了汉初隶写今文《易》之原貌。今文《易》本在亡佚千余年后，终于重现于世人面前。而战国楚竹书《周易》，系战国晚期之竹书古文本，乃是迄今为止所见最早之《周易》文本，为我们研究先秦易学提供了可靠的文物资料。简、帛本与通行本，不唯时代有异、书写字体不同，其内容亦多有相异之处。此二本的发现，解决了诸多学界长期争论不绝的问题，同时也拓展出易学研究的新领域。早期《周易》文本的发现，向我们展示了易学的丰富意蕴，它们对弄清疑难卦爻辞之本旨，揭示早期易学发展之面貌，厘清汉人今古文经学的发展与演变，无疑都具有重大的学术意义和价值。今日之通行本（简称今本）、马王堆帛书本、战国楚竹书本，已是当前和今后易学研究所必备之资料，不重视简帛文献的易学研究是绝对不足取的。

在我国历史上，为表示对经学的重视及便于长期留存，许多王朝都热衷于将儒家经籍镌刻于石，称之为“石经”，以昭示天下，因而我国古代刻写石经的历史源远而流长。最初西汉立五经于学官，设立十四博士，但各家经文皆凭所见，没有供传习的官定文本，博士考试亦常因文字异同引起争端。到东汉之时，诸经文本之争愈演愈烈。议郎蔡邕认为“经籍去圣久远，文字多谬，俗儒穿凿，疑误后学”，遂协同诸大臣奏求正定六经文字。熹平四年汉灵帝下诏参校诸体文字的经书，镌刻《易》《书》《鲁诗》《仪礼》《春秋》《公羊传》《论语》七种典籍于石碑之上，历时九年方始刻成，共计四十六碑，立于洛阳城南的太学讲堂前。这就是我国历史上最早的石经，史称“熹平石经”。因其字体为一字隶书，故又称“一字石经”。熹平石经的镌刻是中国经学史上的壮举。它以国家的名义，校正儒家经典，平定诸经文本之争，产生了巨大的学术影响和政治文化影响。东汉末年，古文经开始立于学官，而熹平石经所刻为今文，因此到魏正始年间又补刻《尚书》《春秋》的古文经，书以古文、篆书、隶书三种文字，史称“正始石经”，又称“三体石经”。由于战乱及其他原因，汉熹平石经和魏正始石经后来都被毁坏了。到唐代初期，经籍文本又变得混乱错谬，于是朝廷重新校订刊刻《易》《书》《毛诗》《三礼》《春秋》三传、《孝经》《论语》《尔雅》等十二种经籍，所用字体为楷书，史称“开成石经”。唐代以后，由于版刻印刷术的兴起，书籍流通越来越方便，各王朝皆颁布监本经书，作为国家的法定本，天下儒生不必再到太学抄写石经了。

但是，唐以后的各个王朝，为表示对经学之尊崇，推行其政治文化主张，仍然大量地刻写石经，诸如五代的孟蜀石经、北宋的嘉祐石经、南宋的高宗石经、清代的乾隆石经等。我国历史上的这些石经不仅有保存文献资料之功，而且有较高的版本学和校勘学价值，为我国古代经学之发展和政治文化之进步发挥了不可估量的历史作用。此次我们将今、帛、竹书三本《周易》合刻于石碑之上，不但可以如古石经那样对现时流行之《周易》版本加以校订保存，更为可贵者，能将两千年来古人无缘得见之珍贵简帛文本与通行本以楷书刊刻于一体，让世人可同时观见三种不同之《周易》文本，其意义和价值自有古代诸多石经所绝不能及者。故今、帛、竹书《周易》在八卦城之刊刻，既是对我国历代既有的刊刻石经之传统的继承和发扬，更是对当代简帛文献整理研究与保存的重视。

特克斯是以八卦城闻名的国家历史文化名城。八卦城的建设与发展，将博大精妙之易学具体应用于城市建设之中，鲜活地体现出易学开物成务、辉光日新之宗旨，让人真切地领会到易学文化之神奇和伟大。2005年，鄙人初至特克斯时，就被特克斯透显出的易学文化底蕴所折服，亦被特克斯人对易学文化的无比热爱深深感染。在祖国西北边陲少数民族聚居之地，能兴起如此一座承载浓厚传统文化的城第，本身就具有非凡的社会意义和文化意义。新时代的特克斯，在县委、县人民政府领导的支持下，大力弘扬城市易学文化，积极彰显其人文价值，在完成一系列的文化建设项目之后，又开刻载有今、帛、竹书《周易》三种文本的大易碑林。此举具有极为重要的经学价值与史学价值，并创全国三本《易经》碑刻之首。我坚信，今、帛、竹书三本《周易》碑林的建造必将使特克斯的历史文化底蕴愈加丰厚，从而于祖国西北边陲乾位之地焕发出一道彰往察来、品物咸亨的人文之光。

大易碑林由特克斯县政协专职常委靳文涛先生统筹规划安排，特克斯县周易研究学会会长杜殿卿先生协助策划。此次所刊刻之今、帛、竹书三本《周易》，今本用阮元校勘之《十三经注疏·周易正义》本；帛书本取《文物》1984年第四期刊载之马王堆帛书《六十四卦》本及廖名春《马王堆帛书周易经传释文》本；竹书本采濮茅左楚竹书《周易》释文，该释文载马承源主编《上海博物馆藏战国楚竹书》（三）。三本《周易》经文样稿由山东大学刘大钧教授负责校点订正与审核，中国政法大学刘震博士、中国社会科学院韩慧英博士、山东大学张克宾博士协助进行了版本的设计与文字校对工作。

刘大钧志于2009年2月4日节交立春之际

从伏羲创八卦，到周文王演绎六十四卦，孔子作《易传》，古圣先贤都在阐述天、地、人和谐相处的道理和智慧。六十四卦是六十四个做人做事的大道理，三百八十四爻是为人处世的三百八十四个小道理，大到治国理政，小到修身齐家。所以说《易经》是大道之源、群经之首，是传统文化的根基所在。学习《易经》就是一个体悟中华传统文化的过程，体悟过程本身就是一种收获。总之，要想“深入挖掘中华优秀传统文化蕴含的思想观念、人文精神、道德规范，结合时代要求继承创新，让中华文化展现出永久魅力和时代风采”，学习和研究《易经》是路径之一。

大易碑廊

大易碑廊碑名（刘大钧书写）

第六节　八卦城标志性建筑和格局

一、太极坛

太极坛位于特克斯县城正中心，占地13340平方米，总建筑面积5600平方米，展区面积2843平方米。

太极坛原为中心塔，2014年完成改塔立坛工作。太极坛总高13米，与周边的建筑相互辉映，浑然一体；又以环岛为界，有其本身的独立性。空间布局恰到好处，整体风格朴实、大气、自然。坛内展陈资料全面翔实，内容涉及特克斯的自然资源、风俗民情、经济发展、未来规划、历史文化等方面，是了解特克斯的一扇窗口。整个展览造型新颖，线条简洁、明快，色彩对比强烈，有很强的视觉冲击力。

八卦城中心太极坛及门楼

二、城标

很多城市都有自己独特的城市标志，这些标志大多蕴藏着各地不同的文化内涵，能让人们感受到当地的经济、社会、文化底蕴。八卦城也有自己独特的标志。

（一）八卦城城标

城标坐落在八卦城入口处，是伊宁方向进入县城的标志性建筑。城标主体高 26 米，基座直径 12 米。主体为一黑一白两个高大的立柱，白高黑矮，形似一个“八”字，又如两个犁片。黑白两色象征阴阳两仪，八字代表八卦，也是八卦城城名，犁片喻指建城之初二十头牛犁出街道，又象征开拓进取。看似简单的建筑，却浓缩了八卦城的文化和历史。

（二）《城标记》

中国书法家协会会员、特克斯县书法家协会原会长、特克斯县周易研究协会原会长杜殿卿先生为城标写了《城标记》：

八卦城标兴建于公元一九九四年夏，是年十月廿二日竣工。它由主体、基座和栏杆三部分组成。主体犁铧两片，犁出街道雏形。勤劳前进开拓，寓意蒸蒸日上。犁片上小下大，八字代表城名。基座三级四台，城区格局缩影。地产花岗砌筑，基础稳固坚硬。黑白两球相对，阴阳协调居中。栏杆钢铁浇铸，卦爻标示柱顶。围以链条环扣，象征各族团结。兆示百业兴旺，祈祝万民康宁。

城标深寓建城历史，蕴含周易文化内容。天地交而万物通，上下交而其志同。希千载自强不息，冀万世元亨利贞。是以为记。

公元二零零二年八月，杜殿卿撰文并书丹

八卦城城标

三、门楼

（一）八卦城门楼

城门楼在八卦广场的正面，是一座雕龙刻凤的门楼，上方刻有“八卦城”三个金灿灿的大字。门楼两侧的内侧分别刻的是“莫道蓬莱仙境好”“八卦城景亦称雄”，由著名书法家、曾任中国书法家协会副秘书长的权希军先生撰词并书写；门楼两侧的外侧分别刻的是“西部建名城图像八卦形”“天山出北麓哲理演易经”，由知名书画家张启明先生书写。门楼上方有太极图、伏羲出世、文王坐监、亢龙有悔、天马行空等具有《易经》内涵的图画。看罢图，映入眼帘的便是脚下用彩色石砖铺的三画卦符号，供人们辨别八卦城的方向。每个方向都放置了相应寓意的雕塑，有双龙戏珠、鲤鱼跃龙门等。每一个雕塑都被赋予了两种含义：一是直观的含义，让人们一看就懂，因为作者是用人物和动物的形式反映民族文化、草原风情；二是周易文化的寓意，利用人物的性别、动物的种类、所放的位置来反映八卦所代表的方位和阴阳等。至于建设者的苦心是否能被理解，全在于观者和这座城的缘分了。

（二）门楼的建设

八卦门楼兴建于 1994 年，与八卦广场、城标同时开工，由国内知名设计师设计，县城市建设总公司捐赠资金并负责建造。建筑材料多为钢筋混凝土，除了少量木雕作品以外，诸如门柱、顶梁、飞檐等均是混凝土仿木建筑。由于当时疆内采购不到琉璃瓦，门楼顶上的琉璃瓦也是用混凝土浇筑，再刷油漆仿制而成，历经30余年，不但十分坚固，而且十分美观，晚上灯光照耀，一片金碧辉煌。门楼两边有两尊石狮子，也是先用石膏制作模具，再用混凝土浇筑，至今仍虎踞于门楼两边。

建设中的八卦城门楼（历史照片）

八卦城门楼和太极坛

四、八卦城主街

围绕太极坛，分别是乾、坤、兑、离、巽、震、艮、坎八条主街。

（一）乾街

乾街位于八卦城西北方向，为美食一条街。乾卦象征“天”“父”，意谓“主宰、刚强”，又指“健行、自强不息”。乾在五行中为“金”，代表动物是“马”，表示的色彩是“金色”。

乾卦，从形态上看是“三爻一贯”。《易经》解释：“大哉乾元，万物资始。”天道刚正，一以贯之，其性为刚。

乾为天，象征天道运行周而复始，刚健不息。乾以动为主，乾道之大覆盖天下万物，“有天地，然后万物生焉”。乾又代表父亲或君王。乾卦的爻以龙的形象作比喻，用龙象征乾道变化。“天行健，君子以自强不息”，勉励人们效法天道运行的刚健不息。俗话说：“三分天注定，七分靠打拼。”一个人走上成功之路，需要聪明才智，但更重要的是要比别人有更多的竞争意识。乾卦虽然以刚健为义理，但是人们在做事处世中过于刚强就会有失中道，使事物向相反的方向发展。因此，乾卦又主张“用之则行，舍之则藏”，依时以进退。

乾街标志

（二）坤街

坤街位于八卦城西南方向。坤卦象征“地”“母”，意谓“藏储、柔顺”，又指“柔、顺、厚德载物”。坤在五行中为“土”，代表动物是“牛”，色彩是“黄色”。

坤卦，地德柔顺，其德为顺。《易传》：“坤厚载物，德合无疆。”“君子以厚德载物。”

坤代表地，意思是指顺德应承“天道”运行，以厚德居下，负载万物。卦德柔顺，物象上解释为母亲或臣下。柔顺而能健行，居后而能用柔，是坤道的正理，为人如果能固守这一原则，必能得吉。虽有强健的体魄与坚忍的意志，但单打独斗也不足以在行险登高中确保吉祥。只有团结互助，柔顺而又能健行，才能得吉祥。

坤为臣道，主张人们固守柔顺之道，追随乾阳，切忌气势过于亢盛而与乾阳为敌。

坤街标志

（三）震街

震街位于八卦城正东方向。“震东”与“兑西”对应。震卦象征“雷”，意谓“惊雷、生长、振奋”，又指“动而上进，戒慎在先，忧患意识”。震在五行中为“木”，代表动物为“龙”，色彩是“绿色”。

震卦，卦象为响雷重叠，动则惊天。《易传》：“君子以恐惧修省。”

震为雷，卦象为一个阳爻生于两个阴爻之下，阳爻动而上进，有动而奋发震惊的意思。面对挑战，若能戒慎恐惧，认真对待，自然在险阻横来的时候，能够无所畏惧地坦然面对。行事接物能戒慎在先，又能不惧在后，必然亨通。事前能惧，事后得安。其主张忧患意识：“惧以生慎，慎以生检，检以生慈，慈以生和，和以生文。”相反，“惧以生疑，疑以生猜，猜以生妒，妒以生乱，乱以生亡”。

震街标志

（四）巽街

巽街位于八卦城东南方向。巽卦象征“风”，意谓“流通，无所不入”，又指“表率在先，上下和风共伴”。巽在五行中为“木”，代表动物是“鸡”，色彩是“青色”。

巽的本义为入，为顺。阴柔顺从阳刚，所以利于进往。《象》中说：王者发号施令，犹如风为天之号令，万物无不受其吹拂，君令既出，百姓无不顺从。王者以身作则，与民同乐，以德化民，万民无不顺从。因此，中国传统政治重视圣君贤相，讲求王道。

巽街标志

（五）坎街

坎街位于八卦城正北方向。“坎北”与“离南”对应。坎卦象征“水”，意谓“滋润、陷险”，又指“遇险不失信用之德，行险不失进取之心”。坎在五行中为“水”，代表动物为“鱼”，色彩是“黑红”。

坎卦的卦象是：一阳陷于二阴之中，险陷之义，阳困于阴中，谨防陷阱。《易传》:“习坎，重险也。”“君子以常德行，习教事。”

在八卦的卦德中，只有坎卦陷险不吉，为君子所不取，所以坎卦重卦以“习坎”为名。“习”有重习、积习的意思。“习坎”是险中又有险。“习”意谓习与险陷。了解险陷产生的原因，以求出险。坎卦象为流水，“水流而不盈，行险而不失其信”。水之性向低处流，奔行而不停止，流动而不盈满。此卦鼓励人们虽有千山万壑的重重阻挠，也要于险难之中不失信用。只要诚信专一，就一定能安然走出险陷。

坎街标志

（六）离街

离街位于八卦城正南方向。“离南”与“坎北”对应。离卦象征“火”，意谓“温暖、依附”，又指“以光明磊落的德行照耀四方”。离在五行中为“火”，代表动物是“雉”，色彩是“红色”。

离卦，光明之意。《易传》:“离，丽也。柔丽乎中正，故亨。”“百谷草木丽乎土。”“大人以继明照于四方。”

卦德为明亮、美丽。卦象为火和光明，象征日中，引申为做人以光明的德性照耀四方。“百谷草木丽乎土”，土的好坏能预测植物生长。“凡事预则立，不预则废。”此卦德意思是：机会都是给有准备的人。

离街标志

（七）艮街

艮街位于八卦城东北方向。艮卦象征“山”，意谓“静止、不动如山”，又指“宁静致远，笃实厚重，外部事物不能搅乱自己的心志”。艮在五行中为“土”，代表动物是“虎”，色彩是“土黄色”。

艮，为山为止，大山连绵。《易传》：“止也，时止则止，时行则行，动静不失其时，其道光明。”“君子以思不出其位。”

艮的卦象是山，山的特性是笃实而厚重，屹立不摇，“不动如山”。山的外形犹如人的背部，所以说“艮其背”。艮卦有静止之意，而且是不待勉强，自然安于静止，宁静而致远。

艮街标志

（八）兑街

兑街位于八卦城正西方向。“兑西”与“震东”对应。兑卦象征“泽”。兑又为“说”，“说”通“悦”，意谓“和悦、喜悦、内刚外柔”，又指“诚信于心，和颜悦色”。兑在五行中为“金”，代表动物是“羊”，色彩是“白色”。

兑，为悦为说，口开眉笑，悦色和颜。《易传》：“兑，说也。”“刚中而柔外，说以利贞。”“君子以朋友讲习。”

兑的卦象是刚爻居中和下，柔爻在外，象征诚信积于心中，外柔内刚，主张人们对外以柔和的态度待人接物，自然能使人喜悦。兑的象征物为泽，泽即水。水能滋润生物，使万物欣欣向荣。

兑街标志

第七节　离街民族风情步行街

一、位置面积

离街民族风情步行街位于县城离街三环外、四环内。街道由三横四纵七条巷道组成，总长1700米。区域内全部打造成特色院落，总面积约9.2万平方米，有居民120户，涉及哈萨克族、汉族、回族、维吾尔族、蒙古族、柯尔克孜族六个民族。

二、名称及功能

20世纪60年代，离街片区是特克斯县二牧场的果园，当时种

离街手绘地图

植果树的多为支边青年，所以，离街的大巷道命名为牧场巷、果园巷、支边巷；其他小巷道，以当时果园盛产的海棠果、小白杏、冬果子，命名为海棠巷、杏福巷、冬果巷；还有一条横贯南北的巷道命名为“南北巷”。

离街一期于2016年6月建成开街，二期于2018年7月建成开街。2016年11月，离街被评为国家AAA级旅游景区。

街区改造以国家历史文化名城保护规划为依据，充分挖掘历史人文内涵，展示特克斯厚重的人文底蕴，从肌理尺度、建筑高度、街巷系统、基础设施等方面，对该片区的风貌进行保护，功能进行完善和提升，最大限度保留现有民居院落。在居住功能不变、保持原有邻里结构的基础上，鼓励沿步行街的建筑商住混合，向旅游服务转型，使历史建筑转变为民俗文化展示场所。

三、文化内涵

“离街”充满民俗文化符号。设计者将传统文化符号转移至现代服务设施上。如所有的井盖都融入了北山羊、天马、毡房、乌孙岩画、民族图案等元素；路面由碎石拼装，图案从传统服饰及刺绣中提炼出来；还有大量手绘壁画、人物浮雕、木雕大门、砖雕墙面、景观小品等，让人们享受着视觉的饕餮盛宴。

设计者充分发挥修旧如旧的设计理念，别具匠心地改造了部分房屋。设计者将现代设计理念融入砖雕，又充分吸收了新疆砖雕、木雕、石膏雕三大工艺的精华，将其在围墙上淋漓尽致地展现出来，使得离街的砖墙砌砖方式达到七十多种。更不可思议的是，近一百户人家，竟然没有哪两家的围墙是一模一样的。同时结合不同民族风格，设计了各有特色的木雕大门，真正做到了一户一设计。

四、设计风格及主要内容

离街的装饰品多以泥土、木头、石砖、石头等为原材料，由纯手工打造而成。将废弃的旧水桶改造为垃圾桶，将原木掏成休息的凳子，摆上老旧的牛车、老式的邮政自行车，将石头铺成各种各样的图案，比如阴阳鱼、脚印、八卦等。还有荡秋千、骏马、跷跷板、果树等浮雕，采用虚实结合的方法，使人的历史情怀油然而生。

这里还有许多精美的壁画，内容涵盖自然风光如喀拉峻、琼库什台、九曲十八弯等。壁画对柯尔克孜的乐器——考姆兹、蒙古族的弓箭、柯尔克孜的毡帽、维吾尔族的小花帽和爱德莱丝、锡伯族的刺绣及蒙古族的皮雕等也有很好的展现。

匕石广场，是离街的主题广场之一。地面上的雕塑以西北边疆地区小孩子们常见的游戏工具——羊匕石（羊拐）为主题。一个个巨大的匕石展示着一代人深深的记忆。

冬不拉广场是离街标志性主题广场，有“特克斯－离街”名牌。广场采用冬不拉作标志。这个标志灵感来源于八卦城城标“阴阳柱”。

这儿也有美食广场，片区内还有几家风味独特的美食大院。大院里有香甜的鸡蛋牛奶土冰激凌，厚实的哈萨克柴火馕，馋得让人流口水的红柳烤肉，还有带着烟熏香味的阔克铁热克柯尔克孜族乡的马奶子，一系列特克斯独有的美食让人食欲大开。

离街街道局部

离街街景（一）

离街街景（二）

第八节 “中国天然氧吧”特克斯

一、获得殊荣

在2018年9月26日中国气象服务协会召开的“中国天然氧吧”创建活动发布会上，新疆特克斯县获得“中国天然氧吧”称号。这是新疆首个获此荣誉的地方。同时获此国家级名片的还有湖北神农架。

作为新疆首个申报“中国天然氧吧”的县城，特克斯入选，实属实至名归。

空气清新的特克斯

二、评选标准

“中国天然氧吧”这个称号来之不易，因为它的评选标准非常严格，不仅要满足年负氧离子平均浓度不低于1000个/cm^3，年均

AQI 指数（空气质量指数）不大于 100 等基本条件，同时还要求配套设施完善，适宜旅游、休闲、度假、养生。通过评选委员会审查、复核、综合评议后，最终评选出符合条件的地区。待中国气象服务协会审定后，对符合条件的地区授予“中国天然氧吧”称号，并颁发牌匾和证书，同时向社会发布。

三、创建活动

2016 年到 2017 年，全国已有 28 个县市（景区）获得了“中国天然氧吧”称号，例如山东省崂山风景区和有“中国最美乡村”称号的江西省婺源县。

特克斯县“中国天然氧吧”创建活动始于 2016 年。2017 年至 2018 年在喀拉峻草原和县城先后建立了大气负氧离子监测站，专门监测空气内负氧离子含量。以喀拉峻草原为例，这里年平均负氧离子浓度达到 2208.9 个/cm^3，雷雨过后的负氧离子浓度甚至超过 20000 个/cm^3。特克斯县负氧离子浓度不仅超过了“中国天然氧吧”的评选标准，而且达到了空气清新标准中的最高等级——非常清新的标准。

2018 年，包括特克斯县在内，全国共有 38 个县市（景区）入围初评。通过审定后，最终有 36 个县市（景区）符合各项要求和标准，被授予“中国天然氧吧”称号。

“中国天然氧吧”称号的授予，是对特克斯自然资源优势的一种肯定。

“中国天然氧吧”颁证现场

“中国天然氧吧”证书

“中国天然氧吧”奖杯

附：2018年“中国天然氧吧”授予名单

河北省围场满族蒙古族自治县、山西省安泽县、山西省交城县、内蒙古自治区多伦县、辽宁省鞍山市千山风景名胜区、浙江省庆元县、浙江省泰顺县、浙江省景宁畲族自治县、浙江省杭州市临安区、浙江省武义县、浙江省衢州市衢江区、浙江省余姚市四明山旅游度假区、福建省永泰县、江西省资溪县、江西省崇义县、江西省上饶市铜钹山国家森林公园、江西省庐山市、河南省新县、河南省卢氏县、河南省西峡县、湖北省神农架林区、湖北省英山县、湖南省江华瑶族自治县、湖南省平江县、湖南省宁远县、广东省龙门县、广西壮族自治区金秀瑶族自治县、贵州省石阡县、云南省普洱市思茅区、云南省新平彝族傣族自治县、陕西省太白县、陕西省宁陕县、陕西省柞水县、陕西省麟游县、陕西省周至县、新疆维吾尔自治区特克斯县。

第二章　世界自然遗产地喀拉峻

第一节　概　况

到过新疆的人都听说过这样一句话："不到新疆不知道祖国之大，不到伊犁不知道新疆之美。"在特克斯还有一句话是："不到特克斯喀拉峻，不知道世界顶尖草原之'醉'美。"

2013 年 6 月 21 日，在柬埔寨金边举行的第三十七届世界遗产大会上，新疆天山被列入"世界自然遗产名录"，喀拉峻遗产地是其主要的组成部分。它同时满足《世界自然遗产标准》的第 7 条和第 9 条 "具有极好的自然奇观和非同寻常的自然美""反映陆地生态系统和动植物群落正在进行的、重要的生物演化过程的杰出范例"。2016 年，喀拉峻被国家旅游局批准为国家 AAAAA 级旅游景区。

壮美辽阔的喀拉峻大草原

第二节　核心价值

《新疆天山世界自然遗产》总结了喀拉峻具有全球突出价值的四个之最：一是五花草甸和综合自然景观美的最突出代表；二是雪岭云杉最佳生景区和发源地；三是生物多样性最丰富的地区；四是天山山系二、三级夷平面分布最典型的地区。

一、喀拉峻是五花草甸和综合自然景观美的最突出代表

“喀拉峻”是哈萨克语，意为“黑色的莽原”，因为这里多为黑色的沃土。这里的土壤类型随着海拔高度的变化呈有规律的带状分布。海拔从高到低分别分布着高山草甸土（2800—3500 米）、亚高山草甸土（2400—2800 米）、山地灰褐色森林土（1820—2400 米）。土壤表层绝大部分为中性偏酸，腐殖质积累过程明显，土壤有机质含量很高。正是有了这样肥沃的土地，才孕育出繁茂的鲜花和草地，滋养了高大挺拔的雪岭云杉，成就了喀拉峻之壮美。

喀拉峻是世界上少有的以高山天然优质草原为主体，由雪山、草原、森林、河流、峡谷组合而成的纯自然景观的世界自然遗产地和风景名胜区。喀拉峻大草原因其特殊的地貌、湿润的气候和丰富的生物而成为大气壮美的自然美景，是“中亚山地草原与林地生态区”中天山山地草甸草原生物区的最典型代表。其拥有美学价值极高的森林草原景观，是天山五花草甸和森林草原景观的最突出代表。

山地草甸分布在喀拉峻，植被丰富，鲜花盛开。三至五月，大地铺满绿色绒毯，翠绿欲滴。六至八月，鲜花盛开，繁花似锦，红黄蓝紫，五彩缤纷，绚丽多姿，如花的海洋。九至十一月，秋

草泛黄，金色镶边，灌丛凝红，缓丘连绵，秋高气爽，苍鹰翱翔。冬季，大地覆盖着皑皑白雪，只有墨色森林与苍茫大地相伴，勾勒出一幅深冬水墨画。一年四季，尽显森林草原色彩之美。联合国粮农组织的专家们认为喀拉峻是世界上少有的第一流的天然草场，是保存最为完好的原生状态山地草甸分布区。

“醉”美草原喀拉峻

二、雪岭云杉最佳生景区和起源地

喀拉峻总体地势南高北低，海拔在1820—3910米之间，相对高差最大达2090米。北部地势较为平缓，南部分布有被河流切割形成的巨大峡谷。喀拉峻山东西绵延，山峦跌宕起伏，山顶是浑然一体的高台地貌，被近于东西走向的河谷深切。河谷南坡雪岭云杉森林陡峻茂密，东西坡云杉森林呈斑块状与草甸相间分布，北坡则完全变成高山草甸。葱茏绵延的云杉林与繁盛茂密的草甸在不同的地形上镶嵌组合，呈现出变化多样、色彩斑斓的美丽图案，生成了各种各样奇妙的风景。凡是来到喀拉峻的人们，无不感慨不虚此行。的确，看了喀拉峻大草原，你才能真正被它的壮美所震撼，被它的大美所征服。这是大自然的杰作，堪称人间仙境。

喀拉峻风景区

三、喀拉峻是新疆天山生物多样性的集中展示区域

（一）植物

喀拉峻有维管束植物 92 科、457 属、1594 种。其中，12 种列入《世界自然保护联盟濒危物种红色名录》，如胡桃、野杏、天山花楸等；10种已被列入《濒危野生动植物种国际贸易公约》，如阴生红门兰、斑叶兰等。此外，喀拉峻还分布有天山橐吾、草原顶冰花等 38 种天山特有植物。

新疆天山独有植物天山橐吾

喀拉峻植物阴红门兰

喀拉峻草原顶冰花

（二）动物

喀拉峻位于野生动物东西区系交汇处，因而形成了独特的动物区系。喀拉峻共有野生脊椎动物223种，包括：鱼类21种，两栖类5种，爬行类15种，鸟类123种，哺乳类59种，隶属于29目、66科、156属。其中各类濒危动物55种，包括高山兀鹫、长耳鸮、大杜鹃、粉红椋鸟、草原旱獭、白肩雕、乌雕、猎隼、雪豹、盘羊等鹰科、鸱鸮科、犬科、猫科和鹿科等大中型野生食肉鸟兽和草食动物，不同种、种群和群落间相互制约与协调，保持着较原始的物种均匀分布的格局。

灰鹤

四、喀拉峻是新疆天山山系二、三级夷平面分布最典型的地区

喀拉峻风景区地处比依克山北麓，是天山山系二、三级夷平面分布最典型的地区。山体近于东西走向，平均海拔3000米。山顶处于亚高山带，地势平坦浑圆，二级夷平面分布广且保存较好。

中生代地层覆盖于古生界之上，形成起伏和缓的地形，三级夷平面发育完整。喀拉峻大草原正好位于海拔2200—2400米的三级夷平面上，是新疆天山面积最宽广的山地草甸草原带。总面积823.82平方千米，其中遗产地面积538.16平方千米，缓冲区面积285.66平方千米。

在喀拉峻原住游牧民族（哈萨克族）的风俗文化中，森林、草原、河流及各种野生动植物等等，都被视为不可冒犯的神灵。为确保自身生存，他们更加珍惜自然、保护环境，通过游牧转场的生活方式防止草场过度使用和草原退化。在转场时，要把扎毡房的地方清理干净并恢复原状。这些都是民间原始环保意识的体现。

游牧民族在长期的生活当中，形成了保护自然的民间约定，将其作为他们共同制定、共同遵守的一种原始的民间法规。这对保护环境起到了非常重要的作用。正是这种对自然环境的尊重和爱护达到了天人合一的境界，喀拉峻大草原才得以完好地保存，才有今天留给世人的世界自然遗产。

总之，喀拉峻大草原是世界顶级草原，它拥有其他草原无法比拟的独特优点。来到这里，你才真正理解“四个之最”的价值。看了喀拉峻大草原，你才会明白：它为什么被联合国粮农组织誉为“世界上少有的第一流的天然草场”，为什么会被联合国教科文组织列入世界自然遗产名录。

壮美的喀拉峻大草原

第三节　景点景色

“喀拉峻”是哈萨克语，“喀拉”有深色、浓郁和辽阔的意思，“峻”是形容茂密的样子。从字面上看，“喀拉峻”可译为“苍苍莽莽的原野”或“黑色辽阔的莽原”。

喀拉峻大草原地势起伏和缓、视野开阔、降水丰富、气候凉爽、土质肥沃，十分适合牧草的生长，属典型的高山五花草甸天然大草原。这里空旷辽阔，风光旖旎，景色壮美，景点众多。

1. 喀拉峻山

喀拉峻山是一条东西绵延的山岭。它的两侧是沟壑密布的山地，山原起伏跌宕，生长着茂密的原始雪岭云杉林，苍苍莽莽，犹如一排排墨绿色的利剑，直指苍穹。雪岭云杉属常绿乔木，叶为针形，略弯曲；果球呈长椭圆形，为褐色。天山雪岭云杉，据说是由青藏高原迁徙而来的。这种源于古近纪的古老树种，已有超过4000万年演化的历史，如今已演变成大西北独有而又最为壮观的林木。在巍巍天山深处，它苍劲挺拔、四季常青、攀坡漫生、绵延不断，如同一道沿山而筑的绿色长城。风吹林海，松涛声声，绿波起伏，其势如潮。

喀拉峻还分布着大面积的野果林，有苹果、核桃、杏和李。它们是世界广泛栽培果树的野生近缘物种，也是古近纪残遗物种。喀拉峻山的山顶就是喀拉峻大草原的核心区了，这是浑然一体向南倾斜的高台，犹如一座悬空草场，芳草萋萋、繁花似锦，像一块舒展的碧色地毯，一直铺展到皑皑冰雪的高山脚下。

2. 鲜花台

鲜花台是喀拉峻核心区最佳的观景点，是一个耸立在鲜花的海洋中的天然圆形高台。沿着木栈道登上此台，四周壮美的风光一览无余，令人心旷神怡，目不暇接。这里是植物的天堂，满眼尽是纯净的绿色，碧野千里、接连天际、随山而走、依坡而上、高低起伏。这是一种细腻娇柔的韵致，恣意张扬着生命的壮美。

鲜花台

远处高耸的雪山冰峰，群山缥缈，如梦幻般的世界。雪峰之下，是墨色的雪岭云杉，雄浑苍劲。云杉带之下是琼库什台辽阔的草原。再往下，是库尔代大峡谷，峡谷布满密密匝匝的云杉。森林、草原一层一层相间而下，形成各种奇特的图案。而脚下则是绿色的海洋，鲜花的王国。放眼望去，层层碧浪之上，各色鲜花一层一层铺展开去，红色、黄色、紫色、粉色、蓝色……

春夏时节，阳光灿烂，鲜花怒放，暗香浮动，映衬着湛蓝的天空、奔驰的骏马、肥壮的牛羊，草原里呈现出一派生机勃勃的景象。

秋天，天高云淡，喀拉峻草原一片金黄。夕阳西下，红霞满天，一队队归牧的牛羊欢叫着、奔跑着。白色的毡房顶上炊烟袅袅，渐渐和暮色中的云彩融为一体。夜幕降临，绵延百里的山丘、空旷的草地、袅袅炊烟、零星的毡房都慢慢地模糊起来。夜，把空旷的草原染成了黑褐色。偶尔从牧民家传来的几声犬吠或是冬不拉弹唱声，使喀拉峻草原显得更加恬静柔和，仿佛世外桃源。

3. 猎鹰台

猎鹰台位于喀拉峻草原核心区东南部，因曾是哈萨克牧民训练猎鹰的场所，故得名猎鹰台。

猎鹰台对面是一道深约百余米的峡谷，这就是阔克苏大峡谷。峡谷底部，阔克苏河弯弯曲曲，湍流奔涌。阔克苏大峡谷就是由阔克苏河数万年来切割而形成的。峡谷对岸是原始雪岭云杉林，由于这种云杉只适合在山的阴坡上生长，所以雪岭云杉林东一片、西一片，被当地人称为花斑森林。

这里是观赏“二、三级夷平面”的最佳区域。大约在距今5000万年前，由于印度洋板块和欧亚板块的强烈碰撞，随着喜马拉雅造山运动，天山山脉自古近纪以来，至少经历了三次快速抬升，强烈的断块升降活动将古天山夷平面分解为高低错落、高度差异较大的若干级，形成了不同的梯级层状地貌带，导致了垂直地貌结构的复杂化。新疆天山从山脊线到山麓，形成了明显的三级夷平面。海拔4千米以上的高山地带为一级夷平面，2.8千米至3.2千米的亚高山为二级夷平面，1.8千米至2.2千米的中山带与低山带的部分地段为三级夷平面。花斑森林呈现的就是二级夷平面和三级夷平面的植被特征。库尔代森林大峡谷两岸夷平面上墨绿的雪岭云杉带与绿茸茸的草原马赛克似地交错分布，构成丰富多样的“花斑森林”带，东西延伸上百公里，形成草原与森林交融、雪峰与河谷辉映的壮丽景观。

4. 库尔代大峡谷

库尔代大峡谷在喀拉峻景区内蜿蜒曲折50余公里，两端高差2300余米，平均谷深350米，呈“几”字型分布，由东南向西北贯穿整个喀拉峻。

阔克苏大峡谷水景

大峡谷两侧山高崖陡、层峦迭嶂，雪岭云杉遍布，库尔代河穿流其中，奔腾不息。两岸上段被层层云杉覆盖，下段随海拔高低生长着密叶杨、天山桦、胡桃、野杏、樱桃李等。

自春季直至初秋，峡谷内绿荫如盖，郁郁葱葱。九月下旬，密叶杨、天山桦等树木由绿转黄、转红，峡谷内红叶如火、黄叶似金，耀眼夺目，一派斑斓炫目的世界。

5. 喀拉峻湖

喀拉峻湖是喀拉峻景区核心景点之一，由库尔代河和阔克苏河汇聚而成。湖水面积约为2.74平方公里，最深处达97米，平均水深80米。其中，阔克苏河自南山峡谷咆哮而来，库尔代河自东面穿越花斑森林、流经草原而来。春夏秋三季东清南浊的两条河流交汇处泾渭分明，甚为壮观。风平浪静时湖水似翡翠般翠绿，宛如大地的眼睛；天气变化时湖水又呈现出深蓝、墨绿、碧绿等不同的色彩；天气晴朗时，湖面一片澄明，波光粼粼，闪耀着银色的光芒；两岸层叠的山峦、曲折的湖岸倒映在水面上，山水相融，宛若一幅幅水墨画；冬季雨雪纷纷时，喀拉峻湖面烟云缭绕，站在湖畔山巅俯瞰，两条河流像玉带一样从遥远的东南天边接人云海般的皑皑湖面，形成了仙境般的冬日景观。登高远望，雪峰、草甸若隐若现，宛若仙境，既有北国风光之雄浑，又有江南山水之秀妍。

喀拉峻湖

6. 九曲十八湾和鳄鱼湾

阔克苏河在阔克苏大峡谷宽谷底曲折流动，形成南北长约5600余米、东西宽约2000余米的九曲十八湾。周围群山环绕、山峦重叠，谷间河水平缓、水波荡漾，河岸植被郁郁葱葱。

阔克苏河在阔克苏峡谷之中，有一处山峰，伸入水中，形成一个惟妙惟肖的鳄鱼头，被当地人称作鳄鱼湾。鳄鱼湾谷深约360米，南北长约1600米，东西宽约1400米，崖岸陡峭，地势险峻。天气晴朗时，在此可见到河水呈现乳白、碧绿、翠绿三色的奇景。峡谷内地势险峻，悬崖峭壁，层层叠叠。站在山上鸟瞰峡谷，整个峡谷美景尽收眼底。峡谷之中，阔克苏河时而蜿蜒曲折，时而河水咆哮奔腾，汹涌澎湃，形成独特的自然景观。

九曲十八湾

鳄鱼湾

7. 人体草原

在阔克苏大峡谷草原腹地，有片山谷草原，因其曲线曼妙、柔美光滑，极像女性人体的线条，故名“人体草原”。这里的草原有的曲线，就像美人的腰、美人的臀，极具美感，是新疆摄影人开发的“最美新疆”摄影点。每年六七月，这里草原披绿，山体葱融，羊群和马儿点缀在山脊上……一幅精美绝伦的立体画面展现在世人面前，吸引着八方游客纷至沓来，一睹为快!

“人体草原”

第三章　中国历史文化名村琼库什台

游客们也许还没有听说过琼库什台，但是本地人都十分喜爱它。这里气候温和湿润，风景秀丽，景色怡人；这里雨水充沛，草木繁盛；这里冬无严寒，夏无酷暑，特别适宜人们居住；这里空气清新干净，让人心旷神怡、神清气爽。

这里的天是那么蓝，蓝得让人宁静，蓝得让人心醉。天空像一片平静的湖面，没有一丝波纹，偶尔飘过几朵洁白的云，在一望无垠的天空中，像几个圣洁的仙子。辽阔的苍穹之下，高耸挺立的山峰俊秀多姿。山顶披着洁白的纱巾，那是常年不化的积雪。山腰和山脚是厚重的松林、古朴的云杉，一片片墨绿苍翠。湛蓝的天空下是一层峻峭的雪峰，再往下是蓊郁荫翳的森林，层次清晰，色彩鲜明，偶尔一两只苍鹰盘旋在群山之间，构成了一幅大气磅礴的浓墨山水画。

中国历史文化名村琼库什台

第一节　概　况

一、位置和环境

琼库什台村位于伊犁哈萨克自治州特克斯县喀拉达拉镇境内，距离县城 90 公里。村庄坐落在连绵起伏的山区草原中地势较低的河谷坡地。村庄四面环山，房屋依水而建，村里生活用水均来自常年水流不止的库尔代河。琼库什台村环境优美、景色怡人，是哈萨克民族传统村落。这里完好地保留着大量木构建筑，是伊犁河谷的木构建筑博物馆，具有较高的历史文化价值。

琼库什台村口

层次分明的琼库什台

琼库什台风光（一）

琼库什台风光（二）

二、历史发展

19 世纪 30 年代，这里只有两个牧业大户。1880 年，一个名叫霍克的人带领 25 户牧民迁移到此。此后陆续迁来的牧民逐渐增多。

中华人民共和国成立以后，村落规模稳定，组织日趋发展。1954 年在现桥头附近出现了第一家商店。1967 年村里成立了医疗站。1968 年重修了村路。1969 年又在原来小学的基础上开设了初中课程，有了中学的教学体制。2010 年，琼库什台村被国家住房和城乡建设部、国家文物局授予“中国历史文化名村”称号。

目前的琼库什台村稳定和谐，居民安居乐业，村容村貌优美。校舍规模不断扩大，设施日趋完善。商店数量增加，手工作坊、饭店、俱乐部也出现在这个偏僻的牧民小山村里。

第二节　核心价值

琼库什台不仅自然风光绝佳，而且还具有四大核心价值。

一、历史价值

琼库什台村是反映新疆西部哈萨克族牧民村落格局形态的典型代表，对研究哈萨克族文化的形成、发展有着重要的意义。

琼库什台村是古丝绸之路上重要的驿站，是著名的乌孙古道北入口。此道北起特克斯的中国历史文化名村琼库什台村，南至拜城县黑英山乡。山中风光绝佳，山势蜿蜒，水草丰美。古道具有浓厚的人文气息。当年，解忧公主将女儿弟史公主远嫁给龟兹王绛宾，走的就是这条古道。古道南端黑英山乡峡谷口岩壁上的东汉刘平国摩崖石刻，见证了当年修筑城垒、设置关卡以保护交通要道和稽查来往旅人商客的历史。

“穹庐为室兮毡为墙，以肉为食兮酪为浆”，西汉时远嫁乌孙的细君公主描述了古代中亚游牧民的居住饮食习俗。穹庐即毡房。以游牧为生的哈萨克族在居住形式上继承了祖先的传统。由于哈萨克族在春、夏、秋三季牧场中要不停地迁徙，只有易于搭卸、便于携带的房屋，才能适应生产和生活的需要，而毡房正符合了上述要求。一般牧民不用半天就能搭起一个毡房。毡房拆卸起来也很容易，在很短时间内，牧民就能将整个毡房和全部生活用品用毛绳捆扎起来，转移到另一个地方去。毡房对哈萨克族来说再合适不过了。

琼库什台村的先民根据当地的自然环境和生存需要，就地取材，因陋就简，充分、巧妙地利用木材，采用各种施工手段建房。

有的将树干制成符合规格尺寸的柱梁，有的则选取合适的树干不做加工整根使用，在棚圈部分甚至连树皮都不剥离，并通过掏、榫、拱、搭（棚）等多种方式建房。这些房屋集木构建筑之大成，是至今伊犁州直地区保存完好的木构建筑群。

二、艺术价值

历史上人民群众的艺术创作热情很多都表现在建筑中，哈萨克族也不例外。琼库什台村的民居装饰和装修较为简洁，施工也较简单，便于操作。这些装饰一般都在门柱、梁的两端、门窗框和门窗楣等部位上雕刻有地方民族的花饰、吉祥物等，采用的材料有动物的皮、毛、骨及木材、油漆、石膏等。木房的功能是多方面的，除了居住待客外，也是从事生产的场所，是孩子的课堂、婚礼的殿堂，也是哈萨克族唱歌、跳舞的俱乐部。从冬季来临的11月到来年春季4月，哈萨克族一般住在冬季牧场，所居住的房屋四方平顶，内置铁炉或土炉取暖，为避风雪，多用土坯、石块或木材构筑而成。定居的哈萨克人的住房形式与周邻其他民族相似。琼库什台村充分体现了哈萨克族木构民居的艺术文化。

三、科学研究价值

琼库什台村木构建筑群是伊犁州直市县木构建筑的“博物馆”，为木材建筑技术积累了丰富的经验。村内木构建筑群经久耐用、居住舒适，并具有防寒、防雨、防震的特点。房内空气流通、光线充足，千百年来一直为哈萨克牧民所喜爱。木房里布置得十分讲究。木构建筑的存在不是落后的表现，而是人类千百年进行生存斗争，并与自然和谐相处的经验积累的成果。琼库什台村的木构建筑为研究建筑技术提供了实物资料，具有较高的科学研究价值。

四、文化价值

琼库什台村的建筑特色鲜明。从整体上讲，琼库什台村的布局既具有伊犁州少数民族村落的特征，又保持着哈萨克族草原放牧小型聚合的“阿吾勒”布局组合基本形态。村庄四面环山，水流从村庄内流过。村庄依山傍水，不十分讲究朝向。院落大小根据住户的经济情况和营建能力而有所区别。其建筑除沿河顺路而建的呈十字形自然排列外，其他都能因势围合成相邻的小空间，形态不一，样式丰富多彩。总之，琼库什台村的建筑能够结合地形地貌，灵活自由但又十分妥帖地分布开去。道路自然舒展，中心区的公共空间和住宅的空间组合合理，特色鲜明。除少数历史建筑已毁，大部分建筑都从建村时保留至今，具有丰富和完整的历史文化内涵。建筑的平面、立面和细部处理，以及建筑技术、施工技艺等，保留着建筑文化的印迹，历史信息丰富，具有较强的原真性。

哈萨克族毡房室内装饰

琼库什台木屋

长草的木屋顶

木屋及长草的屋顶

第三节　哈萨克民俗民风

在特克斯县的诸多民族中，哈萨克族占比最高，琼库什台则是哈萨克族最集中的地方。该村人口有300多户、1700多人，绝大多数是哈萨克族。哈萨克族是一个古老的游牧民族，在长期的游牧生产、生活中积累了丰富的草原生产、生活经验。哈萨克人自古以来崇拜大自然，珍爱大自然，与大自然和谐相处。在水草丰沛、风景秀丽的地方都能看到哈萨克的毡房、牛羊，让人有一种天人和谐之感。

琼库什台的哈萨克族姑娘

热情好客的哈萨克牧民

文化艺术展现了民族特有的审美观，哈萨克族独特的审美意识来自于大自然，来自于长期的草原游牧生活。从哈萨克的音乐歌舞、民俗民风、传统手工到生活习惯，都充满着美感。

一、民族传统服饰

哈萨克族服饰带有明显的高寒草原游牧生活特征，多用牲畜皮毛制成，男女区别明显，以女性服饰最为美丽。

（一）帽子及头饰

哈萨克族男子冬季戴“吐马克”或“库扎帕热”帽。一种是有双耳扇，后有长尾扇的四棱尖顶帽；另一种是似圆锥形黑色的尖顶帽。帽子多用狐皮或黑羊羔皮配以各色绸缎制成，起到防风御寒的作用。帽顶饰以雄鹰的羽毛，十分美观。夏季男子戴“哈力发克”帽。这是一种用细白毡和黑平绒制作的分瓣翻边帽，黑白相间，配以传统绣花。哈萨克帽子的样式有老年、中年、青少年之分。老年人的帽子传统花纹少，青少年的帽子多绣传统花纹。

哈萨克族女子的头饰极其讲究，主要有帽子和头巾两种。未出嫁的姑娘戴“塔合亚”“标尔克”“包头巾”。“塔合亚”是一种下沿大、上沿小的圆形帽子，质地较硬，帽身用金丝绒线绣有各种花纹，还用宝珠镶成各种美丽图案，帽顶插一撮猫头鹰的羽毛，象征勇敢、坚强。“标尔克”是用绸缎和水獭皮制作的圆帽子，帽身绣花，帽顶插羽毛，帽檐镶有宝珠、玛瑙。在宝珠和玛瑙之间镶有金银制作的空心插孔，羽毛固定其中。“包头巾”是四角绣有各种花纹的头巾。姑娘出嫁时戴一种尖顶式的“沙吾克烈”帽。帽里用细白毡，外用绸缎，还有金银珠宝装饰，帽正面串联珠宝垂于脸前。女子婚后一年之内戴这种帽子，穿红绸缎衣服，人们一看就知道是新婚妇女；一年之后戴花头巾。女子生下第一个孩子后戴绣有“颊克”花纹的“克衣米谢克”或“齐拉吾什”头巾。

哈萨克族服饰

（二）服装

哈萨克族男子服装多使用动物的毛皮制作，质地柔软，美观大方，有狼皮、狐狸皮等珍贵兽皮大衣，还有各种皮制的裤子。衬衣多圆领，领子较高。衬衣领、前胸、袖口绣有传统花纹。男子衬衣外穿绣有各种传统图案和花纹的坎肩，坎肩外穿短上衣，再套上“袷袢”。男子喜爱扎牛皮腰带，腰带上镶嵌各色玛瑙、珍珠、宝石和金银饰品，腰带左侧悬挂皮囊，右侧悬挂传统的“萨木沙克”小刀。哈萨克男子喜爱传统的长腰皮靴，穿上显得精神抖擞，威武雄壮。哈萨克妇女喜爱穿连衣裙，年轻女性喜爱穿传统的袖口绣花、下摆多褶皱的连衣裙，色彩以红、绿、淡黄、淡蓝为主。夏季，连衣裙外穿绣有各种传统图案和镶有金银饰品的坎肩；冬季，连衣裙外穿裘皮大衣。哈萨克妇女也喜爱传统的长腰皮靴，穿上显得英姿飒爽。

二、传统的人生礼仪

哈萨克族人的一生大凡都要经历五六个传统的人生礼仪。

（一）诞生礼

诞生礼是哈萨克族为新生儿举行的礼仪，在婴儿出生的当天为产妇宰杀“哈勒加”羊。阿吾勒各户妇女纷纷携带“阔热木得克”（即见面礼）前来祝贺，祝新生婴儿长命百岁。哈萨克人认为生小孩不仅是产妇家的大喜事，也是整个阿吾勒的大喜事。夜间，青年男女在产妇家载歌载舞，弹唱冬不拉，欢庆一个新生命来到人间。庆祝活动有时要连续举行三天。

（二）摇篮礼

摇篮礼是把婴儿放进摇篮的仪式，在婴儿出生的第七至第十天举行。礼仪规模不大，通常只邀请左邻右舍的妇女参加。受邀参加仪式的妇女要给婴儿做一件新衣服表示祝贺。摇篮礼上同时举行命名仪式，每人提供一两个名字，然后大家共同选定一个最好的名字。

（三）满月礼

满月礼即婴儿出生四十天礼，规模也不大。参加仪式的妇女必须给婴儿赠送衣服、纽扣、串珠、猫头鹰羽毛等礼物。婆婆会教育媳妇如何抚养孩子，同时给婴儿洗澡。洗澡后给婴儿全身擦羊油（用羊尾巴炼出来的油），边擦边拉婴儿的四肢，然后给婴儿剃头发。

（四）割礼

割礼是给小男孩割包皮的礼仪。哈萨克族的割礼非常隆重，规模仅次于婚礼。割礼前四五天，将让割礼的小男孩骑上名叫

“阿夏马衣”的小马驹，头插猫头鹰羽毛，挨家挨户拜访亲戚，邀请他们参加割礼，这叫“骑马礼”。被邀请的亲戚送给小男孩奶疙瘩、包吾尔萨克等食品，还要赠送漂亮的马鞍、马蹬、马鞭等礼物。那些居住较远的亲戚，可由亲属代为邀请。割礼由“毛拉”或“霍加”施行。割礼时，参加仪式的人纷纷向男孩祝福。富裕家庭还会举行赛马、叼羊等活动，由主人给获胜者发牲畜、衣物等奖品。

（五）婚礼

哈萨克族的婚礼从说亲到完婚要经过一系列仪式，哈萨克族称为“托依”。女方家需举行四次仪式，即说亲、订婚、彩礼和出嫁；男方家举行两次仪式，即“吉尔提斯”和迎亲。

1. 说亲：哈萨克说亲有三种方式。第一种是父母或其他亲属包办。男女方不见面、不了解，完全按父母意志办事。目前提倡婚恋自由，这种婚事不断减少。第二种是男方看上某个姑娘，告诉嫂子或其他亲属、朋友，请他们转告自己父母。父母知道儿子的心事后便去女方家说亲，或请女方家的亲属去说亲。第三种是自由恋爱。在一个适当时机，由自己亲近的人去转告父母亲，请父母亲去女方家说亲。说亲时男子不去女方家，只有男方父母亲或亲属携带礼物去女方家，女方有意，则收下礼物，并宴请男方客人，如双方都满意即商量订婚日期。

2. 订婚：在女方家举行的重要仪式之一。男方父母或亲属携带一匹马和礼物到女方家，女方家也邀请亲属、朋友和邻居参加。女方接受男方的马匹和衣物等礼物，就表示男女双方订了婚。订婚之日女方家要挑选红毛白头或黄毛白头的肥羊招待男方宾客。用红毛白头或黄毛白头的羊表示以赤诚、纯洁的心来订婚。男方客人离开女方家时，女家主人必须向男方客人赠送衣物还礼。此后，双方来往频繁，男方按双方商定的聘礼，持续送“哈林玛勒”（即作聘礼的牲畜）给女方家。

3．吉尔提斯：即男方展示各种结婚用品的仪式。举行仪式时双方邀请亲朋邻里欢聚一堂，展示全部彩礼，让客人观赏、评论，看彩礼是否齐全。彩礼多少以双方经济条件而定。按照哈萨克人的传统习惯，大家都会尽力而为。

4．彩礼：也称“登门仪式”。举行“吉尔提斯”后，男方即通知女方送“吉尔提斯”，女方卜定吉日，准备迎接。送彩礼这一天，未婚夫由一小伙子陪同带着彩礼去女方家。男方父母和近亲也同去。在离女方家300—500米的地方，未婚夫下马回避，不能随父母和亲属一同进女方家的门。这时，女方前来迎接的年轻人接过未婚夫的乘骑，驮着彩礼向女方家飞奔而去。女方的父母、亲朋在毡房外热情地迎接男方来客。而女方的嫂子（亲嫂或堂嫂）就带领一伙年轻妇女和姑娘一路嬉笑着去迎接未婚夫。未婚夫在女方妇女的陪同下来到家门口时，女方家德高望重的老年妇女向新郎身上撒“喜食”（哈萨克语称“沙修”，即糖果、包吾尔沙克、奶疙瘩等食物），在场观看的小孩和青年男女抢着去拾散落在地上的食品。撒“沙修”是向新郎表示祝贺，祝愿新郎生活幸福美满。然后女方主人把新郎领进事先安排好的小毡房里招待。这一天，女方家宰杀牛羊招待所有来客和未来的女婿。宴席间，弹唱冬不拉、对歌、跳舞，欢庆一番。第二天吃过早饭后，女方选两三位有经验的妇女，打开男方送来的“吉尔提斯”，把物品展现在女方父母和亲友的面前，任凭大家评论这些彩礼是否符合要求，是否符合男方的经济情况。如果彩礼不够理想或不够齐全的话，她们就要代表女方家向男方家提出补充彩礼的要求。哈萨克人把这一仪式叫作“吉尔提斯阿修”，即验收彩礼之意。

另外，男方还要给女方的父母、兄弟、姐妹等近亲赠送衣服、衣料等礼品，同时要给女方的母亲支付一笔喂奶费，一般以牲畜计算，多少视经济状况而定，还要带来举行婚礼时女方招待宾客的羊只等。

5．出嫁：这种仪式一般在双方议定的牲畜全部交纳完之后举行，时间多在秋季，仪式十分隆重，往往成为整个草原举行大规模文娱活动的机会。出嫁仪式上要举行赛马、叼羊、姑娘追、阿肯弹唱等活动，庆祝两三天。哈萨克人对部落内任何一家办的婚事都像自己家的事一样充满热情，尽力而为。婚礼的前一天晚上，女方家用马、牛、羊肉招待宾客，举行男女青年对歌活动，两男两女相对而唱，弹唱冬不拉。有时分多组进行，歌词即兴编唱，内容丰富多彩，不拘一格，有问有答，以问不倒为胜，热闹非凡。出嫁仪式的第一天，女方家要准备一顶新的小毡房，毡房内摆上女方嫁妆，请来部落中有声望的长者为新娘致祝词，祝福婚姻美满幸福。当天，新娘的至亲密友还要用一种传统的“萨仁”曲调对新娘唱歌。歌词大意是夸赞新娘各个方面，劝新娘不要悲伤，男娶女嫁是人生必经大事。听到“萨仁歌”，新娘就要坐在毡房帷幔后面哭泣。唱着“萨仁歌”的小伙子到新娘毡房门前下马，掀开毡房下沿一角开始唱“加尔、加尔”（劝嫁歌）。劝嫁歌曲调轻松愉快、语言风趣诙谐，以劝说新娘为主要内容。此时，站在门边的老人们都不约而同地双手搭胸，齐声祝福：“阿明、阿明，愿你的祝愿实现。”接着，陪新郎的小伙子与毡房内的姑娘们对歌。毡房内的姑娘们可代替新娘用“毕克”曲调回应小伙子。“加尔”歌仪式后，由“阿吾尔”——一位德高望重的老婆婆，把唱“萨仁歌”时陪伴新娘的四个媳妇或姑娘披戴过的头巾盖在新娘的头上。新娘盖上头巾要立即独坐哭泣，哭道："再见啦，故乡！再见啦，亲人们！"新娘唱着哭诉歌倾吐对亲人故土的留恋和对未来新生活的忧虑。唱完哭诉歌，新娘由两个年轻媳妇搀扶着到父母、兄弟姐妹面前一一哭别，唱"阔尔斯"（哭别歌）。新娘唱完"阔尔斯"，与父母、兄弟姐妹和亲人一一拥抱，挥泪告别。新娘拥抱一人，唱一段"阔什塔斯"（告别歌，出嫁时唱的第三种传统习俗歌）。然后新娘由哥哥或弟弟扶上马送行。新娘上马后一般不让哭，不让多停留，也不让再回头看，意思是：不要过于眷恋家乡，要一心一意跟随丈夫生活。

哈萨克婚礼

6. 迎亲：男方家举行迎接新娘的仪式。新娘进男方家门时，一个胳膊系着各色花布、手持嫩树枝的人唱"别他夏尔"（揭面纱歌）。他歌唱完后，揭开新娘面纱，向客人介绍，又对新娘进行劝戒、发出忠告。新娘向公婆和客人行礼，向火炉内倒油，油燃起时人们口念："火娘娘、火娘娘，给我们把福降。"以此祝福新婚夫妇幸福。此时，人们争相观看和逗新娘。晚上，新郎家举行晚会盛情款待宾客。阿肯们弹起冬不拉，一边为新人祝福，一边歌唱新生活，赞歌一直唱到第二天的破晓。

三、传统娱乐活动

哈萨克族是一个热情奔放、能歌善舞的民族。哈萨克族一位伟大诗人说："骏马和歌曲是哈萨克人的两只翅膀。"哈萨克人传统的娱乐形式丰富多彩，或温馨浪漫，或紧张激烈。

哈萨克人的生活场景

（一）歌舞

哈萨克族歌舞不仅历史悠久，而且久负盛名。歌曲主要有民歌、民谣、习俗歌、对歌等，主要分三类：一是对山、水、草原和家乡的赞美，二是对草原上各种牲畜和动物的赞美，三是对人生、动物遭遇不幸的同情。哈萨克族的歌曲中，既有骏马奔腾、山鹰翱翔、大雁飞鸣、沙驼跋涉，又有绿茵草原上令人眷恋的情人、幽静的清泉苍松、欢奔的羔羊马驹。哈萨克族男女老少皆喜欢传统的舞蹈。舞蹈一般分为歌舞和乐舞两种，歌舞又分为便装歌舞和扮装歌舞，也分为单人舞、双人舞、集体舞，如“哈拉卓尔噶”是用一首叫《黑走马》的乐曲伴奏，由一两人表演的舞蹈。

哈萨克舞蹈

（二）唱史诗

唱史诗是哈萨克族历史悠久的一种民间文学形式。哈萨克人一代一代传承着唱史诗的传统。著名的史诗有《叶迪盖英雄》等。

（三）阿肯弹唱

哈萨克族民歌中最富民族特色的就是对唱。对唱是一种诗歌即兴创作的竞技比赛。阿肯弹唱是对唱形式中的一种。阿肯们不但要有娴熟的诗歌创作技艺，而且要娴熟地把即兴创作的诗歌与冬不拉曲调完美地结合起来。阿肯弹唱的诗歌结构严谨、韵律整齐、内容丰富、朗朗上口，著名的阿肯弹唱词曲有《布尔江和萨拉的对唱》等。

阿肯弹唱

（四）赛马

赛马是哈萨克族民间最盛行的体育活动。哈萨克有句谚语：“英雄靠骏马，飞鸟靠翅膀。”一般在赛前两三个月前公布时间、地点、奖品等。参赛骑手在30—100余人之间。骑手为13岁左右的男孩，赛程为20—30公里。赛马不备鞍具，骑手不穿鞋靴。

（五）摔跤

摔跤是哈萨克族民间传统体育项目，也是哈萨克族人喜爱的体育活动。摔跤是一种力量和技巧对抗性很强的运动，是一个斗智斗勇的过程。每逢节庆都要举行摔跤比赛，获胜者会得到奖励。哈萨克族的摔跤主要有古典式摔跤、自由式摔跤、民族式摔跤。

摔跤

（六）姑娘追

“姑娘追”，哈萨克语称“克孜乎瓦尔”，是哈萨克族青年男女最喜爱的一种体育游戏，也是青年男女表达爱慕之情的方式。“姑娘追”一般在绿草如茵、繁花似锦的夏季举行。身着盛装的哈萨克青年男女，并肩骑马走向指定地点，边走边谈笑。按传统习俗，此时小伙子可以任意向姑娘逗趣，说俏皮话，还可以表达爱慕之情，甚至可以求婚。姑娘不能生气，也不能表示反对，即使害羞也要默默地听着。但是一到指定地点往回折返时，小伙子必须策马急驰，姑娘立即举鞭急追。姑娘追不上，算小伙子运气好。如果追上，为了“报复”小伙子的调笑，姑娘可用皮鞭抽打小伙子。小伙子只有忍受皮肉之苦，不能还手。如果小伙子俏皮话说过了头，玩笑过分了，那就少不了狠狠地挨姑娘几鞭子。因此，有些小伙子会事先穿上皮袄或皮坎肩护身。即便这样，一些小伙子还是会被姑娘打得狼狈不堪，惹得观众阵阵欢笑喝彩。如果姑娘对小伙子有意思，则会鞭下留情，所谓的马上恋爱就是这样进行的。所以人们也说：“姑娘追是马背上的恋爱。”

（七）叼羊

“叼羊”是哈萨克人普遍喜爱的传统娱乐活动，是一种对抗性强、争夺激烈的运动，一般在节庆时。参加者是彪悍的骑手。这是一场真正意义上比勇敢、比骑术的运动。他们会宰杀一只两岁的白山羊，取头扎紧食管。这个无头的被称为“灰狼”的白山羊，是双方争夺的对象。经过反复较量，最后夺得白山羊的骑手为胜利者。被叼的羊丢在谁家门口，就表示会给这家带来吉祥。哈萨克人把叼羊视为祈求福祉的礼仪。

叼羊

（八）鹰猎

“鹰猎”又称雕猎，是哈萨克族一种独特的狩猎方式。草原上的哈萨克人是捕猎能手，每当冬季出猎，彪悍的哈萨克猎手身跨雄健的伊犁马，手托凶猛的猎鹰，在猎犬的围拥下，放马奔驰于山林之间、草原之上。猎手每次出猎都有收获。如今，随着畜牧业的现代化和野生动物保护法的出台，这项传统技艺已经失传。

鹰猎

四、传统节日

哈萨克族是一个重道德、重信义、重礼节、重传统的民族。随着生活水平的不断提高，他们的节庆活动也更加丰富多彩。最富民族特色的是纳吾鲁孜节，也是哈萨克族古老的传统节日，产生于哈萨克人信奉伊斯兰教之前。每年的阴历“春分”就是“纳吾鲁孜节”，相当于春节。这一天辞旧岁、迎新年，各家各户做“纳吾鲁孜”饭，走家串户吃“纳吾鲁孜”饭，欢聚一堂唱“纳吾鲁孜”歌。大家互相祝贺新年，互相祝愿在新的一年里人畜兴旺、五谷丰登。

古尔邦节和肉孜节也是哈萨克族传统的节日，其原本是伊斯兰教节日，但在千余年的演化中，逐渐渗透到一些民族的民俗中，已经变成哈萨克族、维吾尔族、回族等民族的传统节日。

五、传统手工艺

哈萨克民间传统手工艺最早可以追溯到塞种人、乌孙人时期。据史书记载和考古发现，16至17世纪哈萨克族就有了建筑业、铁器业、银器业、编织业、缝纫业、皮革业、鞋靴业等。哈萨克族中有不少能工巧匠，他们不仅能制作各种实用器皿，还能制作精美的装饰品。

（一）金属加工工艺

哈萨克族金属加工匠人手艺很高明，能用金银制作各种精美的装饰品，如项链、手镯、耳钉、耳环、戒指以及镶嵌宝石的手工艺品等。在用铜制作的各种生活器皿中，最具代表性的是哈萨克族喝茶用的“沙玛瓦尔”。它造型独特、制作精美，是哈萨克人家必备的生活用具。哈萨克人用铁制作各种生产、生活工具，如马具、农具等。哈萨克人制作的手工艺品，既是实用的生产、生活用品，也是美观的民族艺术品。

（二）木器加工工艺

哈萨克手工艺人的木器加工技艺精湛，木制品造型美观大方、坚固耐用、实用性很强，从建筑房屋到生产、生活用具，应用比较普遍，如哈萨克的木屋、木车、木床、木柜、木碗、木勺、木盘、木盆，还有木制的民族乐器冬不拉等。

（三）皮毛加工工艺

哈萨克族是以畜牧业为主的民族，动物毛皮在生产、生活中使用较多，所以毛绒和皮革加工等家庭手工业十分普遍。哈萨克族妇女加工毛绒得心应手，洗、染、擀、绣等都运用传统的制作工艺。哈萨克族的地毯、挂毯等花毯久负盛名，为中外游客所喜爱。

哈萨克族的皮革加工历史悠久，至今仍采用传统工艺。品种主要有皮衣、皮裤、皮靴、皮桶、皮壶、皮口袋、皮马具等。皮制品上面都是传统的雕花、压花图案，造型美观大方。

哈萨克手工艺“擀毡”

哈萨克毡房内部

（四）雕刻工艺

哈萨克族人民为了美化家庭和环境，充分发挥自己的智慧，在金属器、木器、骨器上雕刻出人们喜爱的传统花纹、图案，为草原文化增添了独特的光彩。

六、风味饮食

哈萨克族的餐饮习惯是在长期游牧生产、生活中形成的，具有浓郁的传统气息和草原气息。

哈萨克人在天然大草原上牧牛、羊、马、驼等牲畜。天然牧草和泉水溪流没有受到任何污染，这是哈萨克餐饮美味又营养的重要原因。因此，人们风趣地称赞天然大草原的牛羊："吃的是中草药，喝的是矿泉水。"哈萨克人吃的肉、奶等食品都是草原绿色食品。

（一）手抓羊肉

手抓羊肉是哈萨克族的传统饮食，以美味营养深受各族群众喜爱，是哈萨克族特色餐饮中最受欢迎的饮食之一。

手抓羊肉的烹调方法简单：选当年出生的六七个月的羊羔，宰杀后连骨剁成大块下锅清炖，水一开马上除去浮沫；一般只放一些盐和洋葱（当地称"皮牙子"），有时也放黄萝卜、蔓菁（当地称"恰玛古"）、西红柿、芫荽等。羊肉炖熟后，用大盘盛出，客人用手抓食，故名"手抓羊肉"。

哈萨克族是一个热情好客的民族，按照哈萨克族的传统习惯，如果宾客中有老人或者有尊贵的客人，要向老人或者尊贵的客人敬献羊头，以表示真诚的敬意。

（二）马肠子和熏肉

马肠子和熏肉也称“冬肉”，哈萨克族称“索宏”，是哈萨克族最具传统特色的肉制食品之一，以典型的传统民族风味而著称。每年十一、十二月份是制作马肠子、熏肉的季节。熏肉的制法：挑选膘肥体壮的马、牛，宰杀后将肉连骨切成大块，撒少许盐或其他佐料腌制，用果树枝或爬地松枝熏一两天即可。马肠子的制法：把马肋骨切成整条，撒少许盐或其他佐料腌制，整条灌入干净的马肠中，肠两头扎紧，用果树枝或爬地松枝熏一至三天即可。

（三）马奶酒

马奶酒也称“马奶子”，做法奇特、历史悠久，具有浓郁的草原民族气息，家家户户都喜欢酿造，是夏秋季哈萨克男女老幼最喜爱喝的纯天然奶酒，深受各族群众青睐。马奶子酿造工艺：把鲜马奶装进皮制的大桶里，放入适量马奶酒曲，置于保温处使之发酵，每天用木杵搅动数次，两天以后即可饮用。马奶子清爽生津，沁人心脾，营养丰富，能强体健魄。

（四）奶茶

奶茶是哈萨克族的大众饮品，哈萨克人有“宁可一天无食，不可一日无茶”之说。奶茶主要成分是鲜奶、茶、盐、酥油等。茶叶以茯茶、砖茶为主，辅以红茶。奶茶集奶香、茶香于一体，浓香扑鼻。奶茶做法：先在小茶碗里放两三小勺浓香含脂的鲜牛奶，再放少许盐、酥油，兑适量浓茶水，再用开水冲至大半碗即可饮用。

（五）馕

馕在新疆有悠久的历史，是一种用特制的“馕坑”烤制而成的香酥可口的面饼。据考证，“馕”字源于波斯语，意为“面包”。维吾尔族原先把“馕”叫作“艾买克”，改叫“馕”是在伊斯兰教传人新疆以后。馕携带方便，易于储藏，成为哈萨克人逐水草而居的主要便携食品。根据不同口味，在烤制前佐以洋葱、芝麻、牛奶、清油、鸡蛋、酥油、盐糖等原料，馕的口味更佳。

馕

哈萨克人的生活（一）

（六）烤全羊

烤全羊是哈萨克族最具传统特色的肉制食品之一，加工方法古老且传统，主要用以招待贵宾。烤全羊制作非常讲究：选天然大草原生长一岁左右的羔羊，宰杀后取净内脏，用精心调制的佐料涂抹全羊几遍，烤制中非常讲究色、味、形等。烤全羊色泽金黄、皮脆肉嫩，是特色佳肴中的上品。

（七）纳吾鲁孜

“纳吾鲁孜”是哈萨克族“纳吾鲁孜节”期间吃的一种传统食品，用羊肉、面条、麦粒、大米、小米、鲜奶、奶疙瘩等煮成，象征来年风调雨顺、人畜兴旺、五谷丰登。

（八）抓饭

抓饭，哈萨克语称“坡勒”，是哈萨克族最具民族传统风味的佳肴。抓饭的主要原料有鲜羊肉、大米、胡萝卜、洋葱、孜然（茴香）等。做法简单：锅中加入适量羊尾巴油烧热，鲜羊肉剁块，油炸上色后放入洋葱、胡萝卜炒至八成熟，加水、少许盐，焖30分钟左右，把泡好的大米铺在羊肉上，再焖40分钟左右即熟。最后把大米、胡萝卜搅拌均匀，用大盘上桌，“抓而食之”，抓饭因此而得名。

抓饭

“抓饭”不但味道鲜美、营养丰富，而且色泽绝佳。白如珍珠的大米油亮晶莹，黄如绸缎的萝卜丝点缀其中，让人胃口大开。

（九）那仁

那仁是哈萨克人待客的传统佳肴。把手擀面条煮熟装大盘上桌，浇上特制的羊肉汤汁，再将“手抓羊肉”中的大块羊肉用小刀削成小块肉，将它们拌匀即可。

（十）烤羊肉串

烤羊肉串是新疆随处可见的富有民族特色的风味小吃，哈萨克族称之“喀瓦甫”。其制作考究：将鲜羊肉切成厚薄均匀、肥瘦相间的肉块，用洋葱、盐水腌制肉块片刻，再将肉块均匀地串在特制的钢钎上，用特制的烤肉炉烤制，边烤边撒孜然（茴香）、辣子面、精盐面等佐料，同时要根据客人的口味，掌握好火候和咸辣。烤羊肉串要求外酥脆、肉鲜嫩、微咸辣、香味浓。伊犁的烤羊肉串最为地道。

（十一）包尔萨克

“包尔萨克”是哈萨克族传统的家庭面点。用鲜奶、羊油和面（以发酵面最佳），做成饼状、条状、菱形，放人热油锅炸至泛黄，捞起即可。“包尔萨克”是哈萨克族招待客人的点心，在节庆期间制作食用。

（十二）胡吾尔达克

“胡吾尔达克”是哈萨克族传统的家常饮食，主要原料有鲜羊肉或干肉、洋葱、土豆等。制作简单：把洋葱、土豆、鲜羊肉或干肉轻炒后，加水炖熟即可。

（十三）奶酪

奶酪是哈萨克人的家常食品。鲜奶发酵后带有酸味，民间称为“酸奶子”，放糖、冰镇后成为夏季消暑解渴的上等饮料。酸奶是液态的奶酪，将酸奶中的水分滤干，便是干奶酪，民间称之为“酸奶疙瘩”。它口味独特、生津解渴、开胃健脾、便于携带，是哈萨克牧民出门必带的食品。

哈萨克人的生活（二）

第四章　国家森林公园科桑溶洞*

第一节　概　况

凡是特克斯人，都知道特克斯有个科桑溶洞。但是很多人不知道的是，科桑有大大小小几十处景点，不但有众多奇妙的冰川、湖泊，而且有原始森林和广袤的草原。

“科桑”是哈萨克语，意为峡谷。科桑溶洞景区位于特克斯县南部山区乔拉克铁热克镇境内，距县城38公里，距离伊宁市约150公里。2003年，科桑溶洞被国家林业局批准为国家森林公园。2008年，科桑溶洞被国家旅游局评为国家AAA级旅游景区。2009年，科桑溶洞获“新疆维吾尔自治区风景名胜区”称号。2011年，科桑溶洞被指定为“自治区生态文明教育基地”。

---

* 本章内容由刘因刚根据相关资料整理编辑而成。

科桑

第二节　自然价值

科桑溶洞景区的美，美在景观众多，美在层次丰富，美在新颖别致，体现在四个方面：

一、典型性

科桑溶洞国家森林公园自然环境十分独特，既有喀斯特地貌的溶洞，又有雅丹地貌的石林。科桑海拔1500—3500米，第四纪沉积物堆积较厚。第四纪古冰川遗迹保存非常完整，角峰、刃脊、冰斗、冰坎、冰川湖遍布，终碛堤、侧碛堤堆积遗迹非常明显，极具科学研究价值。非常特殊的是在森林公园内还有喀斯特溶岩地貌分布，形成了独具特色的科桑溶洞。经专家鉴定，该溶洞是中国新疆唯一的溶洞。

科桑溶洞

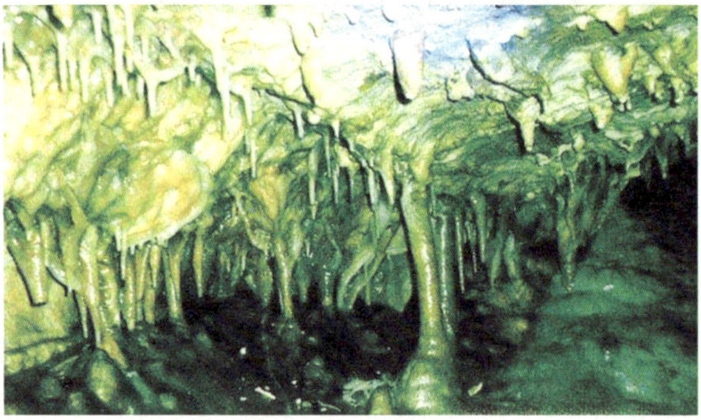

科桑溶洞钟乳石（一）

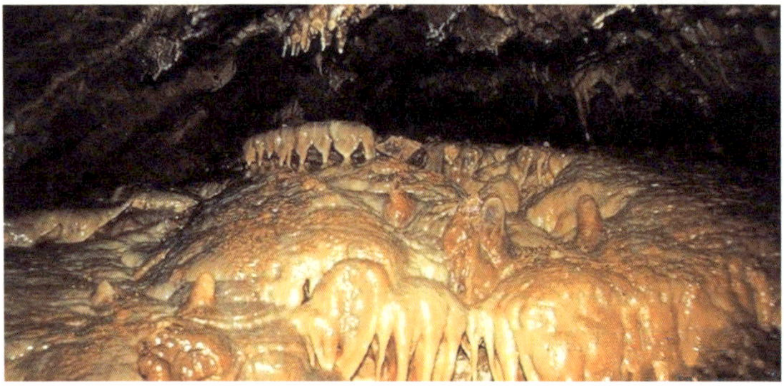

科桑溶洞钟乳石（二）

二、稀有性

景区内有丰富的动植物资源。这里是植物的王国，有数不清的奇花异草和珍贵的雪岭云杉，200年以上的古树比比皆是。分布如此集中且质量较高的原始云杉林实属罕见，堪称天山森林之精华，是宝贵的云杉基因库。在海拔1500—2800米之间，分布着落叶阔叶林和亚高山草甸。阔叶林有欧洲山杨、山柳、桦树等树木。亚高山草原或草甸草原，主要有斗篷草、剑叶蓼、老鹳草、野葱、野蒜、野罂粟等。在海拔2800米以上的地方，与无植被的高山裸岩和冰川相连接的是低矮呈垫状的蒿草、苔草。

这里是动物的天堂。科桑溶洞国家森林公园内的原始生态环境为野生动物提供了良好的栖息环境。这里野生动物繁多，林区内有动物共4纲、25目、102科、194种。常见的哺乳类、鸟类、两栖类、爬行类动物共30多种，其中属国家重点保护动物的有北山羊、雪豹、熊、猎隼、秃鹫、马鹿、盘羊、大天鹅、雪鸡等。

三、多样性

科桑溶洞国家森林公园总面积16400公顷，其中林地面积5240公顷，疏林地面积68公顷，无林地面积210公顷，牧草地面积9778公顷，未利用地面积1104公顷。植被恢复区和原始森林景区为核心景区，面积1500公顷。景区内分天景、地景、水景、生景、建筑、风物共6个中类、17个小类、31个景点。景区集溶洞、森林、草原、高山、冰川、河流、湖泊等自然景观于一体，景观丰富、景色优美。

科桑原始森林

四、完整性

科桑溶洞国家森林公园地处我国西北边陲，远离城市、人烟稀少，因此依然保持着原始的自然风貌。科桑溶洞地处原始森林，洞口外地形较陡，因此溶洞保存完好。岩溶质地纯净，洞穴在全国也十分罕见。

科桑溶洞国家森林公园是全县水资源最多、最集中的山区。这里古木参天、绿草如茵；这里奇观众多、风光旖旎；这里气候凉爽，春夏季平均气温在15.7—21.5℃之间，是绝佳的旅游避暑胜地。

正是因为有科桑溶洞国家森林公园、喀拉峻大草原等自然风景区，才使得特克斯县域内空气洁净、清新。2018年，特克斯县被评为“中国天然氧吧”，是新疆唯一获此殊荣的地方。

由于交通比较落后，科桑大部分景点都处于原始状态。但正是由于未开发，所以极大地保持了它的天然性、原真性，保护了它的青山绿水、蓝天白云。

第三节　主要景观

科桑不只有溶洞、草原和森林，还有许多与众不同的美景，包括山景、水景、天景、生景等6个大类、31处景点。

一、山景

科桑溶洞国家森林公园有不少锥状、台状的山丘，这些都是瞭望周围雪山、森林的最佳观景台。这里的山是那么高，雪峰峭立、巍峨壮观；这里的山是那么绿，半山腰上森林苍翠，墨色层染；这里的山是那么美，山花烂漫、草场广阔、恍如仙境。进入山中，就仿佛进入梦幻般的世外桃源。其中，具有代表性的景观主要有峡谷、滩地、奇峰、溶洞等。

（一）峡谷

以帖尔斯克山系构成的南天山北麓，有多条南北走向的峡谷，最引人入胜的当属乔拉克铁热克谷地。谷底是一条清澈见底的小溪，溪岸边绿树成荫、灌木丛生、水草丰茂；谷地两边或陡峭险峻、怪石林立，或连绵起伏、山峦叠嶂，苍翠的林木密密麻麻覆盖其上，构成一幅幅绝美的峡谷风景画。

（二）滩地

在乔拉克铁热克河畔上，有许多宽窄不一的沙砾质滩地。滩地上五颜六色的卵石与河水嬉戏。稍往外，生长着苍葱翠绿的河谷次生林。次生林绵延数十公里，似一条巨型的绿毯覆在河滩上。

（三）奇峰

在乔拉克铁热克谷中，有自平地拔起的凸峰，有连绵起伏的山岳雄峰。最壮观的帖尔斯克峰海拔4902米，是特克斯境内最高峰。该峰直冲云霄，与两边的山峰恰好形成一个“山”字，酷似一只展翅欲飞的大鸟。此峰被认为是特克斯的“朱雀”。

（四）石林石景

喀拉苏沟有一处坡面布满陡峭耸立的白色石灰岩与金色花岗岩。它们有的如黄金白玉，有的是黑色石山突兀直立，可谓是鬼斧神工的石林。由于山洪多年的冲刷，青布拉克沟中段开阔的河滩上留下了大量形态各异的巨石。它们如屋、如峰、如磨盘、如蘑菇、如剑、如城堡、如精灵，千奇百怪，活灵活现。

（五）千指冰峰

在帖尔斯克山的恩什克巴斯冰川上，有一处冰山形如一根根指向天空的少女纤细的手指，弹拨着天庭的音弦，被人们称为“千指冰峰”。帖尔斯克山还有两座相邻的冰山，形如一对拥抱的恋人。传说这是两位心心相印的热恋情人为抗拒独断专制的封建婚姻而化成的。它给世人留下了一段永久流传的美妙爱情传说。

二、水景

景区内水量丰沛，随着地形变化，形成了各式各样奇特的水景。

（一）高山湖泊

景区中的二泉映月由两个雪山环抱的高山湖泊组成。两泓明镜般的宽阔水面，倒映着蓝天、白云和雪山。平静的湖面就像一面宝镜，上面是一幅美妙的山水画。随着缕缕轻风，湖面泛起阵阵涟漪，宛若千万条银鱼在湖面徘游。两个湖面，两个日月，两幅美景。

（二）瀑布

景区内有多条瀑布，有的沿嶙峋的山石飞泻直下，如白练垂空、流银泻玉，两旁的草木繁花、山石松林全部笼罩在一层水雾中；有的被山石分割成若干条，宛如游龙，形成洞连洞、水连水的美妙景观。冬季，大大小小的瀑布被冻住，形成美妙的冰瀑奇观。

（三）天堂湖

在帕尔斯克山海拔3200米处，有一个高山湖泊。湖面椭圆，光平如镜，湖水绿如宝石。传说有仙女曾在此洗浴梳妆而得名仙人镜。个别年份的盛夏，湖水因雪水融化太快而溢出，形成溪流汇入乔拉克铁热克河。

天堂湖（一）

天堂湖（二）

高山湖

三、生景

生景是指一种自然景观与周围景观相互映衬而产生出另一种新景观。景区内植被类型丰富多样，呈明显的垂直带状分布。各种景观相映成趣，形成各种变幻多彩的美景。

（一）鸢尾苑

在帖尔斯克山海拔2100米处，生长着墨绿的原始森林和绚烂的野鸢尾花。春季，野鸢尾花集中开放，整个山谷一片嫩黄，周围是漫无边际的墨色云杉，就像是神仙开辟的一座花园。

（二）柳暗花明

沿青布拉克沟向东沿坡而上，满坡是层层叠叠的原始森林，遮天蔽日。从林中马道中穿出，眼前突然出现开阔的大草原，让人感觉柳暗花明，心情豁然开朗。

（三）天外来客

“天外来客”位于青布拉克中段，密密匝匝地生长着小蘖、野山楂等灌木。夏季，山坡上的野果渐熟，点点散落在碧绿的草原上，犹如天外来客撒下的珠宝钻石。

（四）龙眠谷

龙眠谷是一条弯曲起伏的狭窄山谷，似龙蛇一般。相传特克斯大草原的守护神是一条大龙，它巡视到乔拉克铁热克沟时，躺下来睡了一觉，留下了龙身一般的山沟。

（五）一线天

在乔拉克铁热克沟前段，山谷越来越窄，两岸悬崖峭壁耸起，下部仍可通行，上部岩石几乎相接，只留下一线天空。

这就是科桑，多姿多彩，美丽神奇。

美丽的科桑

第五章　特克斯文物和文化

第一节　文　物*

一、概况

特克斯县文化遗产有三宝，它们分别是岩画、古墓与草原石人。

（一）*岩画*

特克斯县共发现古岩画 24 处，单体画面超过一万幅，主要分布在特克斯河两岸，以乌孙山南麓居多，阔克苏河沿岸也有不少。就整个伊犁河谷的岩画来看，特克斯县的不但数量较多，而且表现内容极为丰富、形式多样、题材立意新颖独特，刻凿方式也较全面，有敲凿、磨刻、线刻，有阴刻，也有阳刻。加汗萨依西黑色岩画用墨线勾勒鹿、羊、狗以及持箭人物、骑马人物等，整个

---

* 本部分内容由黄江勇供稿。

画面略显复杂，其独特的表现技法在新疆尤为罕见。阿克塔斯洞窟彩绘岩画、科克达萨依阳刻岩画也是伊犁河谷少见的类型。

（二）古墓

古墓葬，是特克斯县分布广泛、数量较多的又一种文化遗存。据第三次全国文物普查，特克斯县既是新疆古墓葬最多的地方，也是最大古墓群的所在地。全县共有古墓群 147 处，有古冢近两万座。就其地表特征来看，其大致可分为四种，即土墩墓、石堆墓、石圈墓、石板墓。还有一些不仅有石堆，墓前还塑石雕人像，可谓“石人石堆墓”。

（三）草原石人

草原上的石雕人像，被称为“草原石人”，多为墓顶碑石，兼有墓碑、界桩和路标功能。特克斯发现的石人，大多为墓地石人，也有少量随葬石人。墓地石人最初产生于先秦时期，兴盛于隋唐时期。先秦时期的石人造型古朴，以圆形脸面为特点。隋唐时期石人的雕刻具有肖像化的特点，还带有模式化的突状眼睛。公元 9 世纪中叶至 11 世纪，也就是晚唐至北宋时期，石人雕刻走向没落。这个时期的石人以线刻为主，雕刻简单。

墓地石人由整块石头雕凿而成，皆东向而立，或独身傲立，或成群布列，有高有矮，有的是浮雕，有的是线刻，线条简洁、形态不一、生动逼真，是研究古代草原文化和石雕艺术的珍贵遗产。第三次全国文物普查资料显示，新疆共发现草原石人 200 余尊，而特克斯县目前已发现石人 92 尊，说其为“中国草原石人第一县”一点也不为过。

不要小瞧了这三件宝贝，它们可是承载着“国家历史文化名城”中“历史”的内涵。它们对于研究特克斯的历史，研究特克斯先民们的生产、生活，具有重要的参考价值。同时，对当今各民族的文艺创作，也具有启发作用。

二、阿克塔斯洞窟彩绘岩画

在八卦城西北方向约 20 千米，有座阿克塔斯山。阿克塔斯意为“白色的石头”。那里绿草茵茵、山花烂漫，与雪岭云杉相互映衬，是一处绝佳的草原。阿克塔斯半山腰的一个岩洞内有一处保存完好的洞窟彩绘岩画。据专家考证，这是旧石器晚期或新石器早期产物，距今已有 5000 年以上。这也是伊犁河谷发现的首个原始人彩绘岩画，已被自治区文物局列为自治区区级文物保护单位。

洞窟面积 48 平方米，洞高 2. 5—3 米，洞口宽约 5 米。整个画用赭色矿物作颜料绘成，颜色深浅不一，整体呈赭红色。洞口右侧岩壁上绘有马 2 匹、大头羊（盘羊）2 只、太阳 3 个、月亮（呈月牙形）1 个、印记（呈“工”形）1 个。洞内右面岩壁上绘有 3 个太阳，其中 1 个颇大，分成内外两个圆形，中间的小圆形直径 6 厘米，外面的大圆形 28 厘米，并把外圆 22 厘米全绘成红色，远看像一个光芒四射的太阳，正好位于原始人地铺之上。洞内还绘有大头羊 3 只、马 1 匹、印记（呈“ > ”形）1 个。洞窟正中岩壁上绘有一个女性生殖器，呈赭红色，十分醒目。

岩画是古代先民在山崖或洞窟岩壁上留下的图画，构思天真纯朴，反映出人类童年时代某种幼稚的想象和美好的愿望。造型上采用平面的造型方法，没有细节刻画，大都不画五官。但这些粗制的图形，却能描绘出生活的真实，显示出旺盛的生命力。岩画一般分彩绘、磨刻、凿刻数种。彩绘岩画大都产生较早，距今约 5000—8000 年。岩画所用颜料主要有赭红和纯白两种。赭红颜料是由取自岩洞周围石英岩上的氧化物或赤铁矿粉调和牛血制成。绘画时用手或羽毛等蘸着颜料绘制。使用这种方法绘制的作品色彩稳定，经久不变。

新疆岩画分布在天山南北。据统计，全疆有39个县发现岩画，但多系凿刻、磨刻。目前除阿勒泰地区和特克斯县外，全疆其他地区尚未发现彩绘岩画。

很多民族的古老天文学都是先从观察太阳开始的，这是因为大地上万物生命都与太阳有着密切的关系。《易传·系辞》曰："悬象著明，莫大乎日月。"《管子·白心》曰："化物多者，莫多于日月。"《史记·匈奴列传》称："单于朝出营，拜日之始生，夕拜月。"古代居于伊犁河谷的哈萨克族先民把太阳尊为神来信奉，每年有祭祀太阳神的活动。至今哈萨克族群众中还有"祝你的太阳永不落""自己的太阳自己看"等俗语。从阿克塔斯彩绘岩画中，可以看出太阳在原始人心目中的地位是何等崇高。洞窟岩壁上画得最多的是太阳，表明他们的生存依靠太阳，只有太阳才能时刻照亮他们前进的道路，因而他们把太阳奉为神灵而朝夕膜拜。

洞窟彩绘岩画中的女性生殖器，表明当时妇女地位突出，也表明原始人已经朦胧地认识到人类的繁衍离不开妇女。这显然是母系氏族社会的遗迹。同时，据史籍记载，母系氏族社会中已经产生了氏族印记。而阿克塔斯洞窟内外岩壁上都绘有赭红色氏族印记。从岩壁大量绘有大头羊、野马可知，这个氏族主要依靠食大头羊、野马的肉为生。大头羊、野马从而成了他们平日祭拜的对象。

这些洞窟彩绘岩画年代久远，艺术价值很高。它们反映了生活在特克斯的原始人的经济生活、审美情趣和朴素的世界观。这对研究人种学、民族学、原始宗教、美术、艺术等都有重要意义。

特克斯古岩画

岩画中的鹿

三、中国草原石人第一县

很多人知道特克斯的草原，因为喀拉峻草原是世界自然遗产；很多人知道特克斯八卦城，因为八卦城是国家历史文化名城；也有很多人知道特克斯的草原石人，但却不一定知道特克斯是“中国草原石人第一县”。

草原上的石雕人像，被称为“草原石人”。草原石人在中亚河中地区、七河流域、中国的天山、阿勒泰山一带以及蒙古草原都有发现，堪称亚欧草原文化的杰出代表。

我国最早发现新疆草原石人的是清朝末年的旅行家徐松。他在《西域水道记》中记载了在新疆伊犁河以西发现草原石人的经过，怀疑其是古代军人墓葬的附属物。

1907 年 6 月，一位叫马达汉的芬兰人调查了特克斯的草原石人，并拍摄了照片。这是我们能见到的最早有关特克斯草原石人的照片资料。

20 世纪 90 年代，《新疆艺术》《新疆文物》等书刊开始关注和讨论特克斯草原石人。我国第三次文物普查之后，特克斯县加大了对草原石人的查找力度，将散落在羊圈、地基、台阶、围墙，甚至小溪里的“流浪石人”，逐一请进了博物馆，让它们聚集在一起，诉说它们的过往。

迄今为止，特克斯县已发现草原石人90余尊，约占全疆草原石人总量的三分之一。第三次全国文物普查数据显示，伊宁市仅 60 余尊，全新疆仅 280 余尊。故称特克斯为“中国草原石人第一县”是毫不夸张的。

关于草原石人的族属问题，部分研究资料显示，石人涉及的历史民族有丁零人、呼揭人、铁勒人、突厥人、回鹘人、克马克人等。这个空间内曾经发生过诸多重大事件，但鲜有进入史册者，许多空白和断裂等待历史资料的填补。种种历史碎片，留给今人更多的想象空间，草原石人是草原文化圈的产物。在辽阔的草原上，草原石人默默地立于古墓之前，任凭岁月流逝。这恰恰是古人以一种独特的方式记载草原人类的历史。草原石人的造型本身是有内涵的，其蕴含之意识形态是构成石人类型模式化的基础。比如性别上的差异，同性的形式、动作、附属雕刻等差异，都不能排除其中存在某种含义。因此，对石人各个方面的研究，有助于我们了解古代草原居民的意识形态。

特克斯的草原石人大多为隋唐时期的文化遗存。最高的石人通高近 3 米，最小的石人仅为 21 厘米。这些石人，有的辫发，有的戴帽；有的穿“皮衣”，有的穿“西装”；有的手举“鸡尾酒杯”，有的手举“高脚杯”；有的留胡髭戴着项链，有的留胡髭却戴着耳环。

草原石人有着显著的特点：它们全部面向东方——那是太阳升起的方向，是重新唤起生命意识和力量的地方。石人代表雕刻者念念不忘的亲人，寄托着生者的思念和崇拜之情。

近年来，不断被发现的特克斯草原石人填补了一些历史文化的空白，给服饰文化、饮食文化、石刻艺术等研究提供了实物参考，是我们研究古代草原文化和石雕艺术的珍贵遗产。草原石人是亚欧草原游牧先民遗留至今的具有代表性的草原文物，对研究古代游牧民族文化极具意义。

说到这里，希望更多的农牧民朋友积极发现和保护这些珍贵的文物，也希望更多的专家、学者发掘和研究这些文物的历史文化价值，为特克斯历史文化名城建设添砖加瓦，为民族传统文化的发扬光大贡献一份力量。

四、特克斯的羊文物

但凡来国家历史文化名城特克斯旅游的人，必有一种追寻自然、人文的情怀。一到特克斯你就会看到“三羊开泰”雕塑。《周易》称实线为阳爻，虚线为阴爻，正月为泰卦，三阳生于下，冬去春来，阴消阳长，有吉祥之象。中国古代“阳”与“羊”同音，羊即为阳。“三阳开泰”也可写作“三羊开泰”，含生机勃勃之意。

特克斯县因羊而得名。清代徐松《西域水道记》载：“准语谓‘野山羊’为‘特克’，谓‘众多’为‘斯’。”“特克斯”意为“野山羊多的地方”。事实果真如此吗？答案是肯定的。特克斯现有的野生动物达220余种之多。国家一级保护动物北山羊、国家二级保护动物盘羊等种群较大。仅北山羊就有五六万只，雄性单个体重可达150千克。每到九十月北山羊繁殖期，很多驴友便能拍到成百上千的北山羊成群结队到阔克苏河边喝水的壮观场景

新疆珍贵文物里有不少都跟特克斯的羊有关系。阿克塔斯山半山腰的一个岩洞有保存完好的洞窟彩绘岩画，是伊犁河谷发现的第一处原始人彩绘岩画。据专家考证，它是原始社会（旧石器晚期或新石器早期）的产物，距今至少已有5000年，被认为是史前原始绘画的代表和最早的艺术品。在这些古老岩画中，就多次出现羊的形象。

羊为六畜之一。早在石器时代，北方草原地区的原始居民就已开始选择在水草丰茂的特克斯河流域狩猎。2015年，新疆文物考古研究所阮秋荣研究员等人就在阔克苏西山口距今3700多年的墓葬里发现了羊骨。

在喀拉托海乡也什克力克山中部的加汗萨依西山沟内，发现了罕见的黑色岩画。岩画中，猎人牵着马，手里拿着弓箭，前方有奔跑的“山羊”。图案似乎是由黑炭混合动物油脂调和而成的黑

色颜料绘制，多数线条细腻，如用削尖的铅笔所作，部分线条较粗，犹如签字笔作画，而科克达萨依岩画“群羊图”，用减地浮雕法制作。一群奔跑的北山羊，向我们诉说着远古荒野上的故事。

2003 年 9 月，新疆文物考古研究所对特克斯县叶什克列克墓葬群进行了考古发掘，出土了许多陶器、铜器、石器和铁器等珍贵文物。其中有一件保存完好的带柄铜镜，形状十分独特，文物价值很高。镜面呈圆形，直径 10.6 厘米，厚 0.2 厘米，通长 17.5 厘米，宽柄，柄顶部立着一北山羊。羊大而弯的双角特别醒目，耳、目、唇清晰，头部肥硕，四肢健壮，短尾下垂，背部有一钮，便于携带和悬挂。这件铜镜的时代大约为公元前 5 世纪至公元前 4 世纪。

在古代，“羊”与“祥”相通，故“吉祥”也可写作“吉羊”。羊是“祥瑞”的象征。西汉大儒董仲舒云：“羊，祥也，故吉礼用之。”《汉书·南越志》记：“尉佗之时，有五色羊，以为瑞。”同时，羊也是财富的象征。《诗经·小雅·无羊》：“谁谓尔无羊？三百维群；谁谓尔无牛？九十其犉。”有人根据这首诗推断：“羊与牛一样是人们拥有的财富。”因此古人以羊作器。总之，在中国古人的观念里，羊是吉祥、仁爱、美善和义、礼、孝的象征。羊形文物的大量出现，充分反映了人类对真、善、美的向往和对幸福生活的追求。

立羊柄铜镜

真诚欢迎远方的客人到特克

斯来看“风吹草低见牛羊”的美景，来寻找世界自然遗产喀拉峻的山坡羊，来中国乡村金牌农家乐吃一顿回族特色饭羊排揪片子，来感受西部边疆独特的人文风情。

第二节　历史遗迹

一、汉唐故城

特克斯河是一条古老的河流，滋养着千百年来居住于此的人们。河边灌木丛生，各色小浆果自由生长。高大苍劲的胡杨，虬枝直指天空，像是诉说着一段曲折的故事。就在特克斯河边有一个不起眼的果园。夕阳西下，果园的围墙在太阳的照射下，透着苍凉和古朴的气息。这些，在当地人眼里是那么平常、普通，但在新疆文物考古研究所研究员吕恩国眼里，这个果园残存的黄土城墙，却有着非常特殊的意义。

（一）偶然发现

2006年7月，特克斯县正式申报国家级历史文化名城。为了让特克斯符合国家级历史文化名城的标准，县文物局及建设局向全县居民普及文物知识，并希望居民提供各种有价值的文物线索。有一个叫塔西波拉提的校长称他家附近有一个城墙遗址，他说：“小时候，我们常在那里玩耍，有时能捡到陶片、瓦罐和刀剑之类的东西，还有不少骨头，其中一些人骨都是斜茬的，像是利器所致。村民不知道这里是什么，将一些地面推平，种上了果树和麦子。”

塔西波拉提报告的线索立刻引起了文物和城建部门的重视。

他们请来新疆文物考古研究所的专家进行现场勘察，竟发现地下埋藏着古城遗址。随后，根据考古学的命名原则，专家们将这座位于特克斯河北岸博斯坦村的古城定名为“特克斯故城”。

（二）特克斯故城

特克斯故城靠近特克斯河。外城墙有三面保存完好，其中南、北城墙长 206 米，西墙长 162 米。西墙正中和南墙东头各有一个缺口，宽约 6 米，似为城门。东面城墙的位置现存 2 米多高的阶地，其余部分因为当年平整土地已被推平，但东城墙留下的遗迹隐约可见。现在所见东南角的城门原来是南墙的中间部位，因此现在看到的遗址是城的一半，原规模应比现在大一倍。

新疆文物考古研究所研究员吕恩国实地勘察后认为，特克斯故城为方形，用“版筑”方式修建，即用木板和木棍支撑搭底，用黄泥土填充而成。现存的城墙高 5 米至 7 米，基底宽 18 米至 21 米，内墙面倾斜，外墙面则较陡直，西、北面外墙每隔几米就有一个“马面”。“马面”是我国很早就开始使用的城墙防御系统，指修筑城墙时，在城墙外面修筑一些突出的部分，形如马脸，既对城墙起到加固作用，又可开阔眼界，抵御那些攻上城墙的敌人。正是因“马面”的存在，考古专家们推断故城城墙为汉式建筑。

在故城内外，考古专家们还发现了大量细泥质红陶片、家畜碎骨、木屑等。陶片多为罐、缸、瓮之属，还有圆形石磨盘和较完整的陶瓮。从器物的口沿和陶片质地判断，其多为唐以前的遗物。

（三）游牧地区发现此遗址意义重大

伊犁河谷自古就是游牧民族的生息之地。自西汉设置西域都护府始，西域各部都接受中原王朝的统辖。隋唐时期，内地对西域的影响尤为巨大。

据吕恩国研究员初步推断，特克斯故城为唐代“萧乡军”驻守的军城。他说，在以游牧民族活动为主的新疆伊犁河谷地区发现建制完整、规模宏大的汉式古城，显示出唐代中央政府对西域地区直接的行政管理。

吕恩国研究员否定了特克斯故城可能是突厥人所建的“南庭”之说。他说：“天山山脉有三大著名河谷，包括位于新疆南部巴音布鲁克一带的裕勒图斯河谷、西部伊犁的特克斯河谷，以及吉尔吉斯斯坦的纳伦河谷，这三大河谷都曾是游牧民族的主要活动区域。游牧民族‘逐水草而居’的特性使得在这些河谷地区极少能发现这样大规模的城堡。”他认为该城极有可能是用于军事用途。

据《新唐书》记载，唐代有“行军”建制，主要分布在边疆地区。“行军”多建有“戎城”，即军城。“萧乡军”就曾驻扎在特克斯河谷一带。“萧乡军”是一种编制，相当于现在部队的一个营，约300人。吕恩国研究员说，“萧乡军”的称号因何而起尚不可知，但这里曾经是唐朝管辖的地方，依据古城建筑式样，将其判断为一座军城比较准确。

奔腾的特克斯河已带走了太多的记忆，留下的断壁残垣正期待着人们去探寻它那曾经辉煌但如烟的往事。

特克斯故城遗址

二、库热*

在蒙古乡库热村 577 国道西侧的游客集散中心旁有座喇嘛庙，人们大多称此庙为“库热”。它是特克斯有名的地标性建筑，库热村也因此而得名。

“库热”主要指早期类似毡帐的寺庙。此喇嘛庙盖因墙体为红色，蒙语称“乌兰库热”（红庙），哈萨克语称“克孜尔库热”，意为“红色的庙宇”。县志记载，特克斯曾因这座庙宇被称为克孜尔库热县。现在，此庙一般称为“呼图克图格根库热”，也沿用了毡帐寺庙时代的称呼。“呼图克图”为蒙语。“呼图克”意为“寿”，“图”为“有”，合为“有寿之人”，即长生不老。“格根”意为“圣人化身”，汉语称“活佛”。“呼图克图”是清王朝授予喇嘛教大活佛扎雅班迪达的称号。“呼图克图格根”是长寿的活佛

* 本部分内容由黄江勇供稿。

之意。

17 世纪初，卫拉特蒙古四部，在黄教僧人察罕诺们汗等人鼓动下开始信奉藏传佛教格鲁派。1616 年，卫拉特封建主全面推广喇嘛教。这一年，一个名叫“夏尔哈布格”的和硕特部后生被献去当朵内。他就是后来特克斯呼图克图庙的首任主持扎雅班迪达。那年他刚满 17 岁。

1639 年，扎雅班迪达获得拉让巴格西学位，并返回卫拉特地区积极投身喇嘛教传播事业，深得卫拉特盟主巴图尔珲台吉赏识。1640 年，扎雅班迪达在特克斯主持架起上百顶蒙古包，组建了呼图克图格根庙。该庙分为若干个殿，兼有礼佛、讲经、治病等功能。最盛时拥有几千名喇嘛和几万庶民，是卫拉特联盟最早建立的寺庙之一，也是当时为数不多的大庙。这庙比昭苏圣佑庙还早二百四十多年。

扎雅班迪达不仅热衷于弘扬佛法、翻译大量的佛学经典，还积极参与各部政治活动，声誉极隆。特克斯县的蒙古族多是当时王公贵族布施给他的“沙毕纳尔”（喇嘛所辖为其效力的牧民）的后裔。1662 年，扎雅班迪达前往西藏途中在青海圆寂。

17 世纪 70 年代，准噶尔部强大起来，也给大库热带来了灾难。有的喇嘛遭到抓捕和杀戮，有的投降或被强行征入军队，有的去了西藏，有的去了伏尔加河流域：这是大库热解体的直接原因。逃亡到伏尔加河流域自称为“呼图克图”的沙毕纳尔，在卓索图河和杭盖河交汇处重建了大库热，并称其为呼图克图格根库热。

1771 年，渥巴锡率队东归，呼图克图的沙毕纳尔四苏木仍被安置在特克斯，库热也跟随迁来。清朝政府将呼图克图库热掌教罗卜藏扎拉仓请至北京雍和宫，其库伦由伊犁昆普化寺掌管。回来后的四个苏木，旗下除了呼图克图庙，还有巴乌庙、阿尔丹嘎不纠庙和额尔沁庙，分别供奉祭祀释迦牟尼、文殊菩萨等。

1865 年，特克斯的喇嘛们重建了砖木结构的呼图克图格根庙。此寺占地 60 余亩，由佛塔、前殿、后殿、左右殿、僧舍和客房组成。寺内供奉的就是扎雅班迪达。《伊江汇览》记载："在厄鲁特部上三旗居住之喇嘛 88 众，下五旗居住之准噶尔喇嘛 160 众，呼图克图沙毕纳尔喇嘛 350 众。"香火之旺，可见一斑。

东归后的"完整版"库热后历经多次维修和重建。1969 年，其在"文革"中又遭破坏，许多佛经被烧。民间遗留下连夜赶抄的经书见证了那个年代发生的不幸。现在我们看到的乌兰库热是 1984 年蒙古族群众自发捐建的，已是"精简压缩版"了。

庙里至今珍藏着 17 世纪扎雅班迪达创制的托忒蒙文版八卦九宫图等文物，其见证了易经文化在特克斯的传承和发展，佐证了八卦城是有民族融合基础的观念。目前，庙旁依稀可见的遗址以及众多的文物，让人仿佛觉得庙里不时传来活佛与成百上千的僧侣礼佛传经的声音。

生活在特克斯的人们，只知道库热是个寺庙，不知道这里有许多文物，比如，有同意修建库热的批文，有托忒蒙文的八卦九宫图等，更不知库热几百年历史的沧桑变化。站在庙前，看着庄严肃穆的殿堂、暗红色的墙壁和朱红色的廊柱，就会油然生出许多敬意，感叹这座寺庙就像一部尘封已久的书写了特克斯喇嘛教辉煌过往的经典。

历史上的乌兰库热

如今的库热

三、天山古道上的汉代石刻

巍巍天山，雄伟壮阔，横亘于新疆中部，新疆由此又分为北疆与南疆。因其处在祖国西北，按照《易经》后天八卦方位，西北为乾位，乾为天，故名“天山”。在这横亘的屏障中，有三条古道沟通南北疆，其中最为著名的当属乌孙古道。

乌孙古道北起特克斯中国历史文化名村琼库什台村，南至拜城县黑英山乡。古道山势蜿蜒、水草丰美、风光绝佳，还有浓厚的人文气息。古道南端黑英山乡峡谷口岩壁上有东汉刘平国摩崖石刻，见证了两千年的历史沧桑。

光绪五年（1879）夏天，左宗棠麾下提督张曜出师新疆，派手下弟兄打探穿越天山南北的捷径。一天，一个士兵在乱山中迷了路，夜宿于黑英山山口。他第二天早上醒来，抬头一看，崖壁上似有人为痕迹，疑为文字。回去以后，他立即报告提督幕僚施补华。施补华请示张曜，要求捶拓研究。张帅立即命令总兵王得魁等备足干粮、捶拓工具和马匹前往捶拓，始知为东汉摩崖刻石。因当时没有专业拓工，拓本极为粗糙。

三年后，施补华作《刘平国摩崖跋尾》一篇，详细记载了摩崖文字的发现经过，并对碑文中涉及的官职、地名沿革进行了考证。又过了一年，施补华自带拓工监拓数十纸。此时的拓本清晰度提高了很多，与兵士拓本有着天壤之别，可称为真正的拓本。自此此石刻声名远播，关内捶拓者亦纷至沓来，原石刻也因此受到不可逆的破坏。由此可见，施补华既是此碑的发现者和监拓者，又是此碑的传播者和最早的研究者。目前，上海图书馆藏有施补华赠送王懿荣的《刘平国摩崖》。此本即为光绪九年（1883）施补华监拓本，拓工精湛。拓片高 48.8 厘米，宽 41.5 厘米。王懿荣对它珍爱异常，装裱成整幅大张，高 138 厘米，宽 73 厘米。

1928 年，北大学者黄文弼来到黑英山口，崖壁上面的字迹已经模糊难见了。就在刻石西岩附近，黄文弼发现了一些石孔，他认为“古人在此建关，在岩石上凿孔以安木闩或栅栏，日开夜闭，以稽行人，御外敌”。

《龟兹左将军刘平国摩崖》又称《刘平国斫孔记》，永寿四年（158）八月刻立。隶书，8行，共105字。经黄文弼考证，录文如下：第一行：龟兹左将军刘平国以七月廿九日发家；第二行：从秦人孟伯山狄虎贲赵当卑；第三行：当卑程阿羌等六人共来；第四行：谷关八月一日始斫山石作孔至廿日；第五行：坚固万岁人民喜长寿亿年宜；第六行：子孙永寿四年八月甲戌朔十二日；第七行：乙酉直建纪此东乌累关城皆；第八行：将军所作也；后三行：敦煌 淳于伯 作此诵。

刘平国摩崖石刻遗迹

此摩崖文字纪年为“永寿四年八月”。“永寿”为东汉桓帝刘志第五个年号，仅沿用三年半，至永寿四年六月大赦天下又改元“延熹”。此处“四年八月”，距改年号已历两个月，仍用“永寿”，可能缘于龟兹地处边陲，改元之诏还在路上走着呢。

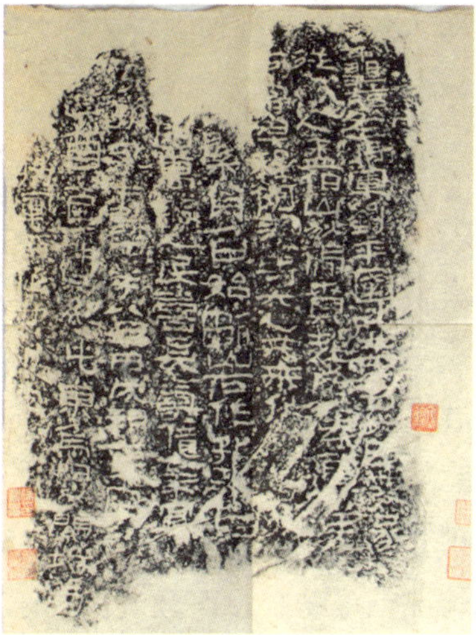

刘平国摩崖石刻拓本

站在历史遗迹面前，当年修筑城垒、设置关卡以保护交通要道和稽查来往旅人的画面在脑海中浮现。由此可知，汉代把西域纳入祖国版图，行使有效的统辖权，确属史实无疑。

四、赤谷城的传说 *

汉武帝时期，细君公主和解忧公主远嫁乌孙，两千年来一直传为民族团结的佳话，在推动民族融合与经济发展上起到了不可忽视的示范作用。她们曾经生活的乌孙第一城——赤谷城，见证了许多历史事件的发生，也吸引了许多探寻的目光。有人说赤谷城在今天的吉尔吉斯斯坦境内，但是笔者认为赤谷城就在特克斯，理由如下：

第一，从地质地貌看，特克斯更符合“赤谷”这个称谓。

到过琼库什台的人都知道，琼库什台没打过草的地方是绿色的，打过草的地方裸露的土壤呈红色。在特克斯河谷，除了松软的腐殖土，人们常见这样的土壤。特克斯故城旁的土壤也是一样的红土。赤谷，赤红色的山谷，特克斯名副其实。

第二，从气候条件看，特克斯地理环境与文献记载的赤谷城相吻合。

《汉书·西域传》说：“乌孙国，大昆弥治赤谷城……地莽平，多雨，寒，山多松樠。”“乌孙，虽居四山之中，然天山褶皱里不少坦夷之地，故曰莽平。以四面皆山，故多雨而气寒。”以今日地理环境观之：特克斯居天山北麓，四面环山，地势莽平，有世界级优质草原自然遗产喀拉峻；有年径流量 80 亿立方的特克斯河，其占全疆水量六分之一，水草丰茂，宜牧宜农；高寒多雨，境内多云杉。这些情况与《汉书·西域传》记载的赤谷城情况十分吻合。而且，从气候和资源条件看，特克斯也是建城的上上之选。

第三，从乌孙古道上的遗迹来看，特克斯为赤谷城也可以得

---

* 本部分内容由黄江勇供稿。

到佐证。大家知道，当年匈奴控制了北方广袤的草原，从乌孙到中原需要翻越天山，经过龟兹，走楼兰到长安。那么当时乌孙人主要是通过特克斯乌孙古道出天山。此古道有东汉刘平国摩崖石刻、古栈道凿孔等文化遗迹，可以佐证乌孙人的活动范围主要在特克斯河流域。

第四，从大量的历史文献来看，赤谷城的地理位置与特克斯更吻合。

《汉书·西域传》记载，乌孙“南与城郭诸国相接”，言“焉耆”“龟兹”“姑墨”“温宿”皆北与乌孙相接。因此乌孙的南界当在穆素尔岭之北，特克斯河流域及裕勒都斯河流域（巴音布鲁克）应为乌孙的主要活动地域。

汉《西域图考》卷三说:“乌孙，今伊犁地……汉时伊犁河以北为伊列国……河南尽乌孙地。”因此乌孙的活动地域北部大体以伊犁河为界。《汉书·傅常郑甘陈段传》记载，元帝永光元年（前43），匈奴郅支单于西奔康居，“数借兵击乌孙，深入至赤谷城，杀略民人，驱畜产，乌孙不敢追，西边空虚，不居者且千里”。显然，赤谷城距乌孙西面边境，当在千里以上，而不会位于这西边“空虚不居”的千里之内。那么，乌孙西境大致在何处呢？《汉书·傅常郑甘陈段传》又云，元帝建昭三年（前36），“过乌孙，涉康居界，至阗池西”。专家认为，这段文字中，一个“过”、一个“涉”、一个“至”，表示乌孙的西界当以阗池（今伊塞克湖）为限，阗池及其以东为乌孙。他们认为，若推断无误，则赤谷城的位置，当在伊塞克湖以东一千里左右，即我国特克斯河流域，而不应该在伊塞湖东南。这比较合乎史实。

还有，《汉书·傅常郑甘陈段传》说：“惠与吏士五百人俱至乌孙，还过，发西国兵二万人，令副使发龟兹东国二万人，乌孙兵七千人，从三面攻龟兹。”这段记载显然说明乌孙是从北向南攻龟兹的，说明赤谷城当在特克斯。也正因此，乌孙古道才成为乌孙与城郭诸国联系的常用孔道，同时也说明赤谷城不在纳伦河流域，不然为什么上述记载不把乌孙算在西国兵之内？又为什么乌孙不越拔达岭（别垒里山口）从西向东进军去攻龟兹呢？

第五，从考古角度看，特克斯有近两万座墓葬以及全疆近三分之一的草原石人，可以佐证赤谷城的繁荣。

据近年新疆考古的新发现来看，在伊犁河上游的昭苏、特克斯、新源、尼勒克和察布查尔以及到乌苏一带，均发现有土墩墓。经碳 14 测定，这种墓年代为西汉时期，从墓葬形制和随葬品来分析应为西汉时期乌孙人的墓葬。特克斯有如此大规模乌孙人墓葬绝非偶然，而是其在此集中活动的证据。草原石人是乌孙人草原文化的重要载体，全疆约 300 多尊，而特克斯一地就有 92 尊之多，这岂非赤谷城繁荣之佐证？

综上所述，赤谷城当在特克斯。

五、俄罗斯族往事*

特克斯自古以来就是多民族共同生活的地方，很多民族都为特克斯的发展做出了贡献。但是，随着历史的变迁，特克斯的民族情况也在悄然发生着变化。

1871 年，沙皇俄国侵占伊犁，特克斯开始出现俄罗斯人。1917 年十月革命爆发，白俄军战败，许多残匪集体逃跑来华，如哥萨克首领杜托夫率数百人从苏俄逃到霍城。杜托夫死后，俄罗斯的士兵分散到各地谋生，类似的还有阿年柯、巴吉其、西德洛夫等部队。他们中的部分人通过书信或其他办法与在苏亲属取得

---

* 本部分内容由黄江勇供稿。

联系，让亲属也公开地从苏联越境来中国团聚。这样，新疆的俄罗斯人逐渐多了起来。

1928年底，苏联开始实行集体化。少数资本家、地主、富农以及连年饥荒导致的大批贫困边民都越境逃到中国；也有部分在苏华工与俄罗斯女子结婚，后回国定居；还有部分人来华投亲靠友。中国地方政府对外来的俄罗斯人一律集中安置，并解决耕地等生产资料的问题。

盛世才招募了部分越境的俄罗斯青年，组成“归化军”。这支部队在帮助盛世才应对张培元和马仲英的两面夹击中起了较大作用。后来，盛世才决定就地安置“归化军”。当时的伊犁屯垦使兼警备司令邱宗浚亲临特克斯踏勘，挑选三万多亩良田，分给归化军人，每个军人获得3格合尔（约50亩）土地。邱宗浚还亲手绘制归化屯地图，用以安置归化军。喀拉达拉乡的“归化队”就是这个时期的产物。

1939年10月，特克斯八卦城新街市建成。邱宗浚四处“招商引资”，动员霍城、伊宁等地三十余家商铺的商人来八卦城投资兴业，其中许多都是俄罗斯人。

据老人们讲，俄罗斯人移来以后，大多数从事农业及农副业，如养蜂、打鱼、打猎、看水磨、养鹿、种菜等；也有人刷房子、当保姆等；有的开小商铺，出售酒类、香烟、食品等；还有的从事运输业。

特克斯县有个老教师叫张建珍，他认为：“移居的俄罗斯族在一定程度上对特克斯工农牧业生产起到了促进作用。”他说，俄罗斯人开设了几个磨坊、榨油坊。他们从20公里外的阔布引来特克斯河水，利用水的落差推动水轮磨盘磨面。他们在磨楼内安装磨盘和筛箩。使用时上扇磨固定不动，下扇磨随磨轮转动。每台磨

24 小时不停，日可加工小麦 600—800 公斤。他们十天半月休息一两天，进行锻磨（凿深磨槽）。以往的水磨笨重，使其用水量大，全是用大木头支撑。俄罗斯人来后，对其进行了改造，安装了滚珠、轴承，使其用起来更轻巧，用水量更少，效率却提高了四倍。磨出的面粉成本低、质量好，很受欢迎。俄罗斯人改造的榨油机也比本土的更先进。他们先把胡麻籽炒热，用“水杵”将胡麻仁捣碎再榨油，使出油率得到了提高。

当时，本地人大部分使用两轱辘牛车，俄罗斯人带来了槽子车和“六根棍”马车。这种车不仅轻巧，装东西更多，拉人也很方便。还有，之前来往特克斯河两岸用渡船，通过人撑、马拉的方式过河，费时又不安全。俄罗斯人来到这儿后，在河岸两边安装钢丝绳，在钢绳上安装滑轮，利用滑轮渡河，大大方便了两岸居民。

俄罗斯人性格开朗，能歌善舞。每到秋收过后，男男女女聚在一起庆祝。他们经常坐着俄式马车，牵着猎狗，赶着一窝乌克兰大白猪逛“巴扎”，一天都不回家。天黑了，他们点燃篝火，有的拉手风琴，有的唱歌，有的和着手风琴欢快的旋律和美妙的歌声，胳膊挽胳膊地排成横队跳舞，有的就着篝火，炙烤早已渍好的猪肋条，喝着自制的格瓦斯、杂粮酒，几乎彻夜不眠。他们吃饱了、喝足了、跳够了，便赶着他们的牲畜“浩浩荡荡”地离去。

1944 年，据新疆省警务处统计，伊犁地区共有俄罗斯人 18317 人，其中特克斯县有 386 人。这些人曾经就是新疆的少数民族，他们参与了新疆的建设和发展。1956 年前后，大多数俄罗斯人返回了他们的故乡。

1981 年，特克斯全县的俄罗斯人仅为 5 人。如今呼吉尔特中的一些村子早已不复存在，而为高楼林立的九宫新城所取代。喀拉达拉镇的“归化队”，很长时间都被理解为“规划队”，也早就没有了。只有特克斯故城旁尚存的痕迹说明这里有过水磨坊。滚滚流淌的特克斯河水，似乎讲述着特克斯的民族变迁史。

俄罗斯人曾使用的石磨

俄罗斯人的四轮马车

第三节　民间文化

一、“窝尔贴克”再现民间*

“窝尔贴克”，意为“跳山羊戏剧”，是生活在草原上的哈萨克族、柯尔克孜族和蒙古族的一种娱乐方式，目前已濒临失传。过去，无论是在冬季的炕沿上，还是在夏季草原的篝火旁，人们聚集在一起，往往能看到这样的演出。表演者一般是“阿肯”或“玛纳斯奇”等民间艺人。他们怀抱冬不拉或阔布孜等乐器，用手指勾动绳套，绳套另一端连着木偶。随着琴弦的拨动，木偶开始欢快地跳动。琴声激越，“山羊”则奔跑；琴声悠扬，“山羊”则漫步。其闪转腾挪，灵活多变，意趣盎然。

群众把这种表演叫“木偶山羊舞”“草原上的木偶戏”或“牵线玩偶”。特克斯县歌舞团团长努哈说：“这是一种古老的民间艺术，叫‘窝尔贴克’，‘贴克’是‘山羊’之意，‘窝尔’有‘戏舞’‘戏剧’之意。”木偶一般都是手工制作，材料有就地取材的木头、皮子，也有废弃的金属、塑料等。除山羊外，还有老虎、马、骆驼、牛、狼、鹰等动物。动物的每个关节都是活动的，轻轻一动，木偶就会摆出各种姿态。

特克斯县阔克铁热克乡柯尔克孜族的夏尔根是这一非物质文化遗产的传承人，他也是柯尔克孜史诗《玛纳斯》的传承人。当他表演“窝尔贴克”的时候，神情专注、满眼生辉。不只是“耍山羊”，夏尔根还会表演“耍老虎”。老虎是用木头雕刻的，染上

---

* 本部分由刘敏供稿。

黄色的虎纹，活灵活现。曾在天山上威风一时的“新疆虎”早在百年前就已灭绝，如今也只能在木偶戏上见到了。

游牧民族的民间文娱形式虽然丰富多彩，但能够传承下来的已经不多了，像“窝尔贴克”这种表演更是难得一见。内地的木偶戏、皮影戏已经作为“非遗”文化保护起来，并走入了艺术的殿堂。而“窝尔贴克”虽然原始朴素，无须绚丽的舞台，道具也十分简陋，却非常接地气，广受基层群众的欢迎，也应该受到相应的保护。

这些民间非物质文化遗产，凝聚着柯尔克孜人民的信仰和智慧，承载着柯尔克孜的文明和历史，寄托着草原人民对草原独特的情感和对家乡无限的热爱，理应得到关注和重视。

柯尔克孜人表演“窝尔贴克”

二、特克斯的马具文化*

年龄稍大点的本地人都知道，特克斯有许多乌孙古墓。乌孙

---

* 本部分由黄江勇供稿。

人是一个古老的民族，是今天哈萨克族主要的族源。乌孙文化一个重要部分就是马文化。乌孙马又称“天马”“西极马”。特克斯位于天山降水丰沛区，气候湿润，水草丰美，因此自古出骏马。

马具是马文化的一个重要载体，其制作过程衍生了“马具匠”这一古老的职业。骑马时用的工具或物件总称为马具，包括马鞍、马蹬、马蹬链、后鞧、马肚带、马肚带链、鞍褥带、扣环、汗垫、马嚼子、缰绳、笼头、马绳、鞍褥、马苫单、马套子、鞍后绳、马腿铐等。

加工马具的工匠分为银匠、鞍匠、皮匠等。马具分为男式和女式两种。男式马具因为用于日常生活、战争、比赛、婚丧事，需要制作得坚固、大气、实用。例如在叼羊、角力等比赛中，马鞍头、马蹬链、马肚带的作用非常大，所以很注重这部分马具的选择与使用。如果马鞍头在角力时断裂，对鞍匠来说是一种耻辱。女式马具主要用于婚事、迁移、节日、娱乐等，更注重美观。

人靠衣装，马靠鞍。在所有的马具中，马鞍是最重要的马术用品，也是最能体现主人的身份、地位和爱好。好的马鞍本身就是一件精美的艺术品。哈萨克族人对马鞍特别重视，不论哪种马鞍，上面都布满了线条优美、色彩艳丽的装饰图案，用银钉或铜钉排列组成的花纹，闪闪发亮，光彩夺目。

一套完整的马具，先由铁匠制作马蹬、马嚼、扣环等，再由银匠为其修饰，以达到美观的效果。鞍匠制作马鞍以后，皮革匠和编织工再完成马笼头、后鞧、马胸带、马肚带的制作。妇女则制作马褥等用具。马具一般由金、银、铜或宝石镶饰。饰花、钉子等是由银子制作。就这样，制作马具的整个过程精细、复杂、严谨，有时一套上等的马具需要几个月甚至一年时间才能完成。

现在，随着工业化进程的加快，传统马具制作技艺受到了巨大的冲击，技艺精湛的工匠越来越少，这项工艺正面临失传的窘境。

在托尔特库勒村一个开阔的大院内有一排简陋的小屋。推开门，可见一只昏黄的白炽灯泡，一个传统的老式火炉，一张铺着兽皮的旧椅子，挂满墙壁的各种半成品马具，这就是马具银匠阿哈太·阿德力的工作室。

阿哈太·阿德力从小就跟父亲学习马具的制作，从事该行业至今已有四十余年。他爷爷当时是远近闻名的银匠大师，他的父亲也曾是特克斯县马具制作第一人。阿哈太·阿德力从小学习这种技艺，现已是民间非物质文化遗产传承人。他制作的马具精致、图案精美，说是实用品，其实更像工艺品。不仅如此，他还会制作各种哈萨克族家具和服饰上的装饰，从耳环至裙裾上的扣环，从项链到花帽上的小金属片，都做得非常漂亮。

近年来，草原明珠八卦城的知名度在国内外进一步提高，对游客的吸引力不断扩大。旅游资源优势的发挥也明显改善了马具匠的生活。现在，阿哈太·阿德力的三个弟弟受他的影响，在特克斯县城各开了一个马具加工店。弟弟们自己加工马具，也加工金银首饰。阿哈太·阿德力的作品大多被慕名而来的人买走，一部分也拿到弟弟的店里出售。一些牧民还将阿哈太·阿德力制作精美的装饰品或马具买回去作为陪嫁品。部分马具品还入选国外的博览会。

阿哈太·阿德力作为家族第七代哈萨克族马具制作技艺代表性传承人，他先后培养出12名学徒，其中5人被伊犁哈萨克自治州人民政府、伊犁哈萨克自治州文化体育局授予伊犁州级非物质文化遗产——“哈萨克族马具制作技艺代表性传承人”称号，使面临失传的民间非物质文化遗产得以发扬光大。

如今，阿哈太·阿德力一方面潜心制作具有收藏价值的马具，一方面用心教儿子们制作马具。三个乖巧的小孙女也时常陪他待在作坊里，亲身体会马具匠一丝不苟的精神。

工作中的匠人

三、特克斯草原驯雕人*

在美丽如画的特克斯草原上，生活着一个古老的游牧民族——哈萨克族。他们长期逐水草而居，放牧、打猎。牛羊是他们的财富，猎物是他们的奖品。他们尽情享用着草原的馈赠，也用生命热爱着草原。

草原上的哈萨克人

* 本部分由黄江勇供稿。

曾几何时，有这样一些人，他们骑着骏马，头戴皮帽，脚穿毡筒，肩上站着或是用手托着金雕。在我们的记忆里，他们是那么炫酷、那么神秘，简直就是草原上一道亮丽的风景。

金雕属于鹰科，是一种广为人知的猛禽，以其突出的外观和敏捷有力的飞行而著名。成鸟的翼展开后平均超过2米，体长可达1米，腿、爪上全部都有羽毛覆盖。

据哈萨克老人们讲，驯养金雕是一件很不容易的事情。金雕是一种凶猛而刚烈的动物，性多疑、灵敏。哈萨克族驯雕人却有一套独特而有趣的训练方法。牧民们用网、套等工具捕获金雕或山鹰，通常只诱捕2到3岁的幼雕，太小不易成活，太大则驯化难度大。驯雕手首先要做一皮面罩蒙住雕头，使它看不见东西，然后给它喂点盐水，再慢慢喂食。待雕逐渐驯化后，再给它们喂肉。喂肉也有一套方法。驯雕人把肉放在戴皮套的手臂上，让雕前来啄食。饥饿许久的猎雕，见了肉便不顾一切地扑过来，驯雕人则一次次把距离拉远，而且每次都不给吃饱。这样反复训练，直到雕能飞起来啄到驯雕人手臂上的肉为止。驯雕需要极大的耐心和坚强的决心。

随着保护野生动物的观念在民间日渐普及，国家也将鹰隼类动物列入一类保护名录，驯养大型鹰雕的技艺已然失传。清朝乾隆皇帝曾撰文《海东青行》，写雕最为传神。

> 鸷鸟种不一，海青称俊绝。摩空健翮上层霄，千里下击才一瞥。当其脱韝始纵时，风力未会迟飞掣，群燕缘扑或坠落，何异淮阴胯下气且折。鹰鹯之雏可罹罿，海青之雏得未逢，闻之育卵大海东，追逐天鹅入云中，回顾忽失故国踪。海东青，尔不远为利，尔不高腾空，安得受制于人垂头仰饲居樊笼，王孙莫恨未央宫！

若人是雕，也必定不甘受制于人、安心为人所豢养。

如今，特克斯的驯雕人看到特克斯县旅游业的巨大商机，积极地从传统游牧业向旅游业转变。驯雕已经是过去式了。

别了，草原驯雕人。

四、柯尔克孜人的“孢孜”情怀*

“柯尔克孜”是民族自称，含义为“山里放牧人”或“草原人”。他们多数居住在新疆南部。特克斯县有阔克铁热克柯尔克孜民族乡，有柯尔克孜族人口1万多人。史书记载，古柯尔克孜族人“四季出行，惟逐水草，所食惟肉酪”。为了抵御高山冬天的严寒、夏天的酷热，他们酿制了孢孜。俄罗斯史学家、汉学家尼基塔·雅科夫列维奇·比丘林在《古代中亚各民族历史资料集》中详细记载了柯尔克孜人种植糜子、小麦、大麦等农作物并用其制作各种饮料和食品，其中孢孜是很重要的一种。

“孢孜”也翻译为“包孜”“包扎”“波杂”等，以塔尔米(糜子)、麦子或玉米为原料，通过发酵制成。其味醇厚、甘美、清香，甜中略带点酸，兼具醪糟和啤酒的优点。孢孜酒精度通常在3—12度，不仅是很好的开胃饮料，而且具有祛寒、生津、助消化的功能，还有去脂肪的功效。

对年长的柯尔克孜人来说，酿造孢孜就是他们生活的一部分。阔克铁热克柯尔克孜族乡牧业村牧民别克苏里坦·吾山一家人就熟练掌握了这种传统手工制作孢孜的技艺。

在寒意阵阵的初冬时节，查干萨依村民已经开始了这道美食的制作。在别克苏里坦·吾山家里，他的妻子革命古丽·波力斯拜已将酿造孢孜的原料、器具一一摆放整齐，别克苏里坦·吾山

---

* 本部分由黄江勇供稿。

对孢孜的制作过程做了详细的介绍。

孢孜的制作大致分为五道工序。首先是把带皮的糜子或玉米磨成粉末状，加入少许青稞面或小麦面（原料越杂，质量越好），再加入温水均匀搅拌成干糊状。其次在铁锅内加水，放入发酵菌种或酵母，倒入搅拌过的原料粉，加热炒熟。接下来将炒熟后的糜子粉倒入盆内晾放降温，不烫手时放入大木桶内加温水搅拌均匀。再次加入少量的面粉或麦芽粉充分搅拌后发酵。最后，就静静地等候它们发酵，让时间给它添加绵长的韵味，让大自然给它融入清新的口味。

经过 72 小时以上的发酵后，加入适量温开水稀释，过滤后便得到美味香醇的孢孜了。冬天热喝，夏天凉喝。颜色一般为灰绿色、咖啡色或米黄色。因使用的原料不同，颜色、味道和酒精度也有差异。

近年来，随着经济全球化和现代化的发展，一些民族传统逐渐淡化。特别是随着柯尔克孜族年轻一代价值取向的转变，他们学习传统技艺的热情正在逐步减退，独具特色的孢孜酿制技艺受到强烈冲击。早年，阔克铁热克乡家家户户都会酿制孢孜。而今，随着老一辈人的相继离世，孢孜酿制技艺的传承出现了青黄不接的现象，面临失传的危险，急需采取措施进行抢救。

随着新疆旅游业的蓬勃发展，民族传统饮食得到恢复和发扬。在伊犁哈萨克自治州文化体育广播影视（新闻出版）局“访惠聚”工作组的大力扶持下，阔克铁热克乡鼓励制作孢孜，并开始商业化运营。

柯尔克孜人的孢孜

五、阿克塔斯爱情传说*

（一）

在八卦城北面，有一片美丽的草原，当地人称阿克塔斯。阿克塔斯是哈萨克语，意为“白石头”，因山上多白石而得名。

这里山峦叠嶂，云杉苍翠，云如白色腰带裹在半山腰上，与树木缠绕相拥，衬着湛蓝的天空，宛如仙境。山顶地势平缓、开阔，能看见一片辽阔的大草原。片片花海随山顶起伏，如彩色波浪，多姿多彩。紫色的毛莨花、黄色的金莲花，静静地散发着迷人的清香。到处是紫色的、黄色的、绿色的花海，犹如一幅幅美妙的画卷。这座山那边，便是美丽的伊犁，所以有人也说这里是伊犁的后花园。

---

* 本部分由黄江勇根据胡阿提江·加合甫拜先生采写、马那甫先生翻译的《姑娘坟》整理编写。

你可曾想见，就在这迷人的风光里、醉人的花海中，曾发生过一段凄美的爱情。

1932年，同属阿勒班部落的霍吉班拜提、霍斯库拉克等部族从哈萨克斯坦齐夏纳依一带迁至特克斯，其中有一个叫哈依孜的男孩和一个叫夏吾夏开的女孩。那一年，哈依孜13岁，夏吾夏开7岁。哈孜依就像一只雏鹰慢慢长大，逐渐成为阿克塔斯草原上一个有才华、有思想、会写诗、会唱歌的英俊青年。他勇敢、坚毅，乐于助人。不管走到哪儿，人们都会把赞许的目光投向他。小女孩夏吾夏开早年丧父，在母亲的呵护下长大。随着年龄增长，她变得漂亮、懂事、善解人意。尤其是她一开口唱歌，清脆的嗓音便使她变成草原上迷人的百灵，成为青年男子瞩目的对象。而夏吾夏开只喜欢哈孜依，哈孜依也爱慕夏吾夏开。只要听到有人夸奖对方，他们心里就犹如加了蜜糖。尽管平时两个小年轻也没有多少机会交往，但是两人的爱情就像阿克塔斯的山花一般生长、开放。

草原上的人们居住得都很分散，见面不是很方便。只有在草原上举办"托依"的时候，人们才能聚到一起。在聚会时，哈萨克人喜欢用阿肯弹唱的方式传递感情，表达心声。

这时，哈孜依首先唱到：

湖里有鲤鱼，湖上的天鹅就不远离；
你是那座山，我便是那腰带云缠绕着你；
你是我心尖尖上的古丽，我想变成羊儿依偎在你的怀里。

夏吾夏开深情地回唱到：

如果你是阿克塔斯山泉，我愿变成一只天鹅，游弋在泉边；

如果你是阿克塔斯云杉，我愿变成一只山鹰，在你身边盘旋；

啊！年轻的朋友，不知什么时候，我的魂儿已被你带走。

他们通过歌声将感情传递，并偷偷约定今生今世永不分离。

阿克塔斯爱情

可是，好景不长。特克斯一个大巴依（财主）正在密谋一场婚礼。他以丰厚的彩礼为筹码，游说夏吾夏开的母亲及众多亲戚，企图把她嫁给琼库什台的一个大牧主的儿子沙塔。而哈孜依没有什么财产，夏吾夏开的家人可不想把女儿嫁给“穷鬼”。

但是谁知道这姑娘的心思？她爱的不是钱财，而是一个有才能的人。月亮照不到深山里的小溪，姑娘的母亲、哥哥听不到她内心的哭泣。只有几个贴心的伙伴替她伤心，但又没有什么办法改变她家人的想法。夏吾夏开决定与哈孜依私奔。他们相约逃了出来，但没有走出多远，就被抓了回去。夏吾夏开的哥哥带着得到好处的一帮亲戚，硬将这对恋人拆散。他们把夏吾夏开揪回去，关在家里不让出门。同时，他们又罗织罪名把哈孜依送进了监狱。夏吾夏开像被囚禁的百灵鸟，不断唱着哀伤的歌儿：

啊，亲爱的哈孜依！
毛茛花冰凉的露珠儿，那是我悲伤的眼泪。
啊，亲爱的哈孜依！
如果你要走，就把我也带上。
不管你在哪儿，我的心永远在你身上。
啊，亲爱的哈孜依！
你一定也在悲伤，泪洒陌生的他乡。
我们的家在阿克塔斯草原，
山花正在开放，你我却泪眼无法相望！

如诗如画的阿克塔斯草原

痴情的姑娘，心里只想着心爱的恋人。可是，家里人却苦苦地逼着她嫁给那个富人的儿子。她对自己的命运感到绝望，觉得自己无法逃脱这场世俗婚姻，最后偷偷吃了毒草，结束了自己灿烂的生命。那一年，她刚刚 18 岁。

哈孜依在牢里待了一年后，被无罪释放。出狱后，他得知自己的心上人已经为自己殉情，痛不欲生。后来，他应征入伍，在伊宁市兰巴格服役三年。退伍后，他被任命为尼勒克县公安局局长。但他念念不忘自己的初恋，便主动要求回到自己的家乡特克斯工作。当办理调动手续时，他突然生了一场大病。1947 年，他在伊宁市去世，时年 28 岁。死后，哈孜依埋在了当时的革命烈士墓园，现伊犁第一毛纺厂所在地。

夏吾夏开去世之后，大家怀念她的歌声，敬佩她对爱情的忠贞，感叹那段凄美的爱情。于是，人们用当地的白石头，为她砌了一座漂亮的坟茔。这就是“姑娘坟”的来历，是哈萨克族版的“梁祝”。

（二）

麦然木汗是哈孜依的嫂子。胡阿提江·加合甫拜先生曾采访过这位老人。她回忆说，她是 1934 年嫁到哈孜依家的。那一年哈孜依刚刚 15 岁，还在上学。他有两个哥哥，分别叫哈山、胡赛音。哈孜依是个有才又非常讨人喜欢的男孩。

尽管哈孜依还在上学，但是喜庆场合，哈孜依必去唱歌。当然，每次也必有夏吾夏开。他们俩都有音乐天赋，大家都喜欢听他们唱歌。

夏吾夏开的哥哥巴特江有两个老婆，并拥有许多牲畜，算是一个小巴依（有钱人）。他看不起我们，不想把妹妹嫁到我们家。他人不是特别坏，但是气量小、胸怀不够宽广。

有一天，夏吾夏开家强行给她定了婚事。男方送来了彩礼，我们都去看。对唱一直进行到深夜。百户长哈孜拜突然闯了进来，说："好了，不要唱了，都散了吧！"我们也搞不清楚怎么回事。

后来才知道，哈孜依和夏吾夏开骑马往松树林里跑，被人看见了。一帮人追上了他俩，哈孜依被揍了一顿，绑在马上带了回来。打人者也包括未来的新郎沙塔。

新娘逃婚不光彩，新郎觉得没有面子回库什台。巴特江只能自找台阶，留沙塔多住一段时间，想缓和一下关系。

有一天，邻居家请客，大家都去了，唯独没有夏吾夏开。第二天早上，我们听说夏吾夏开死了。我到她家去看，她的遗体放在房中央，脸上带着微笑。警方鉴定，其系服毒死亡。

"别看我老眼昏花，到现在，我仍然会唱夏吾夏开写的许多歌曲。最让我怀念的还是以我兄弟名字为题的情歌《哈孜依扎》。"麦然木汗老人这样说着，于是唱了起来：

洁白的羊毛啊，
慢慢地绕成线。
我十岁的那一年，
你就来到我的心里面。
啊，哈孜依！
调皮的山羊灵巧地走，
请与那旧朋友快分手。
啊……亲爱的哈孜依！
山头再高也有泉，
人的命呀拗不过天。

一晃就到了婚嫁的年龄，
你我再也不能常见面。
时光飞逝像风儿跑，
你我的诺言能不能实现？
啊……亲爱的哈孜依！
你也悲伤，我也悲伤，
我的眼泪流在那心上。

“当时，他俩门不当户不对，双方家人都根据条件各自为他们找了对象。我们家给哈孜依介绍了一个叫库米斯的当地姑娘。‘请与那旧朋友快分手’指的就是这个事儿。”

哈孜依也写诗唱歌。他在当兵时，积累了一本厚厚的诗集，里面有很多都是写给夏吾夏开的歌曲。他回家探亲时，时常把写的诗给大家分享。有时，他还独自到夏吾夏开的坟上过夜。

遗憾的是，他的诗歌集在战友争相传阅中弄丢了。

“哈孜依在夏吾夏开坟头上的哭歌，我也会唱一些。那场面真是凄惨，他们是真正的恋人！”麦然木汗老人满噙泪花地说。然后她又低声唱了起来：

我恨自己的命真苦，
与夏吾夏开痛别离。
我本是个合群的人，
如今却变得无处可去。
啊……亲爱的！
阿克塔斯的那场雨，

分明是上天在哭泣。
我无力摆脱这悲惨的命运，
只愿上天有灵，
让我们的心能永远在一起，
永远在一起。……

2002 年，一个叫茹鲜·阿里木江的歌手，在哈萨克斯坦青年歌手演唱会上，倾情演绎了《哈孜依扎》，一举获得一等奖。从此，这首歌一炮而红，许多词曲作家都给予其高度评价。

草原的花儿开了一年又一年，阿克塔斯的牧民也换了一拨又一拨。只有“姑娘坟”一直静静地立在那儿，见证着那一场浪漫、坚贞的爱情，犹如一座丰碑，供人凭吊，任人评说。

姑娘坟

第四节　诗歌选

八卦城赞[1]

靳文涛

国家批名城，新疆五市县[2]。
伊犁有两城，我县先入选。
文化遗存多，延续三千年。
最大八卦城，基尼斯夺冠[3]。

西汉定夏都，唐把古城建[4]。
元代丘处机，乌孙山脉观。
清朝乾隆帝，碑立格登山[5]。
一九三七年，设治局升县[6]。

伊犁屯垦史，率众把址选[7]。
山南水北位，刚柔脉气全[8]。
规划八卦阵，守卫边防线。
布条代线绳，牛犁街道线[9]。

一环是太极，八条主街展。
每隔三百六，增加一个环。
二环十六街，三环再翻番。
四环六十四，五环卦象满。

文化寓意深，哲理易经演。

天地交万通，自然和谐现[10]。
上下交志同，国泰又民安。
民族大团结，围绕中心转。

山环水抱城，神兽护家园[11]。
朱雀挡沙尘，玄武阻严寒。
东有青龙护，西有白虎山。
四山对应立，风害抵一边。

局域小气候，深藏中天山。
白昼日照长，夜雨润田园[12]。
观察仙俗风，阴晴可预判[13]。
温度湿度好，自然空调安[14]。

坡度很适中，供排省泵站[15]。
交通没红灯，街道环环连[16]。
理想田园城，避暑康养县[17]。
中国八卦城，申报世遗产[18]！

①该文一共分八个自然段，每段八句，共六十四句话，含有八卦城及六十四条街之意，每个自然段都有一个核心内容，分别是：

第一段　新疆国家历史文化名城的数量及特克斯的亮点。

第二段　特克斯悠久的历史文化。

第三段　八卦城最初独特的选址和规划。

第四段　八卦城独特的放射形街道形状与周易文化。

第五段　八卦城的核心价值。

第六段　八卦城四周独特的山和水对八卦城气候的保护作用。

第七段　八卦城独特、良好的气候。

第八段　八卦城的特色、亮点和今后的目标。

②国务院批准的国家历史文化名城，新疆共有五个，分别为：喀什市、吐鲁番市、特克斯县、伊宁市、库车市。其中伊犁州直两个：特克斯八卦城和伊宁市。八卦城先于2007年5月获批，伊宁市于2012年获批。

③2001年，特克斯县城被上海大世界基尼斯总部评为“最大规模、最完整的八卦城”。

④据考证，西汉时期特克斯是乌孙的“夏都”所在地，细君、解忧两位公主远嫁乌孙后，每年的夏天就在这一带避暑。在今八卦城西南三公里处的特克斯河边，发现一座古城遗址，据专家考证是唐代古城。

⑤1938年以前，还没有设置昭苏县，这一带都隶属于特克斯县。乾隆二十年（1755）二月，清兵平定了分裂祖国、大搞武装叛乱的准噶尔部首领达瓦齐。乾隆皇帝为纪念这一战役的巨大胜利，于乾隆二十四年（1759）令刻石记功于格登山，后被称之为“格登碑”。

⑥1937年特克斯设治局升格为特克斯县，当时的管辖范围包括现在的特克斯、昭苏两县全境和巩留县的吉尔格朗乡。

⑦特克斯八卦城是由时任伊犁屯垦使兼警备司令邱宗浚和特克斯第一任县长赫耶尔·柏林（锡伯族）等相关人员二十余人一起选址的。

⑧八卦城四周山环水抱，位于乌孙山的南面、特克斯河的

北面。这里山气刚、川气柔、脉气盛。“山气刚”是指县城南面的天山终年积雪，阳刚挺拔；“川气柔”是指特克斯河九曲十八湾；“脉气盛”是指八卦城周围泉水很多，县城对岸有一个村叫“孟布拉克”村，哈萨克语意为“千泉村”。

⑨邱宗浚按照周文王后天八卦图的方位，画出了新县城的街道规划图。1939年夏，第二任县长班吉春开始带人修建八卦城。依照邱宗浚设计的八卦图形测量、打桩、放线。由于当时没有线绳，就从商店买来布匹，撕成布条做线绳子，并用20头耕牛拉犁铧犁出了八卦城街道的雏形。

⑩《易经·泰卦·象传》曰“天地交而万物通，上下交而其志同”，“交通”和“同志”两个词均出于此。八卦城正是按照这个理念规划设计的。本句说明天地交合、风调雨顺，人与自然要和谐共生；政府和群众要交流交融，政府要为群众办实事、办好事，群众才能拥护政府，社会才能安定，志向目标才能一致。

⑪所谓的“神兽”，就是指县城四面的山，“左青龙、右白虎、前朱雀、后玄武”。八卦城的“四神兽山”对特克斯气候影响有自然科学道理：北面的玄武山可阻挡西伯利亚的冷空气，使特克斯冬天不太冷；南面的朱雀山阻隔南疆的热浪和沙尘暴，使特克斯夏天不热；东面的青龙山和西面的白虎山处在特克斯河的S湾里，使特克斯没有大的风害。

⑫由于特殊的地理环境，八卦城多是夜间下雨，据县气象局统计，夜晚下雨量占总降水量的70%，而北面一山之隔的伊宁市、巩留县等却恰恰相反，所以八卦城总体光照时间相对较长。

⑬由于受山谷、太阳、河流等局域性热环气流的影响，使八卦城形成了特殊的风向：如果早晨是西风，中午是静风，下午是

东风，肯定是晴天；如果在上述时间段风向变了，那肯定是雨雪天气。古代的人们不懂为什么会是这样，就把“山谷”二字加“人”字旁，变成了“仙俗”。

⑭由于“朱雀山”——天山山脉的主脉挡住了南疆塔里木盆地的热浪，特克斯的夏天，六、七、八三个月的平均气温只有18度，因此，居民家中不需要安装空调降温。

⑮八卦城自然坡度约为6‰，是规划师所希望的最理想坡度。这种坡度使城市供水和排水既不需要二级泵站加压，也不需要减压池减压，非常环保节能。

⑯八卦城是一座没有红绿灯的城市。由于八卦城的街道是放射形布局，因此它路路相通、环环相扣，每个交叉路口再用小环岛分流，所以八卦城没有红绿灯。

⑰2018年特克斯县被中国气象局评为新疆首个“中国天然氧吧”县；2019年特克斯获中国避暑旅游“十强城市”称号。

⑱特克斯八卦城正在申报世界文化遗产。首先，它符合《世界文化遗产标准》第三条要求，具有“能为中华文明的《易经》文化传统提供一种独特的、特殊见证”的见证价值。

其次，八卦城符合《世界文化遗产标准》第五条的要求，具有“可作为传统的人类居住地或使用地的杰出范例，代表着传统的规划选址文化，尤其在不可逆转之变化的影响下变得易于损坏”的环境价值。

按照申报规则，只要符合五条标准中的一条，就可申报世界文化遗产，目前特克斯的申报文本已经报到国家文物局。

喀拉峻赞

靳文涛

新疆有大美，最美是天山。
伊犁如诗画，天山正中间①。
氧吧特克斯，美景冠天山。
壮美喀拉峻，雄踞世遗产②。

景区有四最，遗产馆里展③。
综合景最美④，山河林草泉。
夷面最典型⑤，冰川是根源。
最佳生境区，生物最丰全⑥。

动物基因库，品种二二三⑦。
雪豹追盘羊，棕熊马鹿蹿。
金雕天上来，鼠兔心胆寒。
鲟鱼谷底游，椋鸟捕虫欢。

植物一千六，独有四十三⑧。
圣洁雪莲花，橐吾也罕见⑨。
濒危野桃杏，红门斑叶兰⑩。
世界郁金香，母本在此间⑪。

三级夷平面，垂直带谱显⑫。
蓝天白云间，四季雪峰见。
森林像油画，五花草甸连。

雾绕大峡谷，一山五景现[13]。

绿水似飘带，九曲十八湾[14]。
人体草原俏，鬼斧神工镌[15]。
龙凤两河汇，呈祥鳄鱼湾[16]。
霞光斑斓彩，星空更璀璨。

熙春顶冰花，绽放傲霜寒[17]。
仲夏花似海，锦缎铺草原。
深秋灌木红，牛羊踏金山。
隆冬有仙境，雪海松涛伴。

游客纷纷至，专家来科研。
画家不愿走，影视拍不完[18]。
摄影师沓来，举办国际展[19]。
世界喀拉峻，梦幻大草原。

①天山是一条国际山脉，全长2500余千米，其中我国新疆境内有1760千米。伊犁州特克斯这一带刚好是天山中段，所以称为“中天山”。

②2013年6月，新疆天山被联合国教科文组织列入“世界自然遗产名录”，喀拉峻草原是其重要的组成部分。

③在申报“新疆天山世界自然遗产”的文本里，总结了喀拉峻草原所具有的全球突出价值的四个之最。这在喀拉峻“世界自然遗产地展示馆”中有详细的展览。

④喀拉峻草原是五花草甸、综合自然景观美的最突出代表。

⑤喀拉峻草原是天山山系二、三级夷平面分布最典型的地区。

⑥喀拉峻草原是雪岭云杉的最佳生境区和发源地，是新疆天山生物多样性最丰富的区域。

⑦喀拉峻有动物223种，北山羊、雪豹、金雕、椋鸟、鲟鱼等都是国家一级或二级保护动物。

⑧喀拉峻有植物1594种，其中独有的植物就有43种。

⑨圣洁雪莲花很罕见。天山雪莲是多年生的草本植物，是新疆特有的名贵中草药，一般多生长在海拔3000—4000米的悬崖峭壁上。橐吾是一种著名的中药材，它可控制炎症、抗菌抗病毒、改善消化功能、抗氧化抗衰老等。

⑩ 喀拉峻有濒危植物阴生红门兰和斑叶兰。

⑪过去我们只知道荷兰人在新疆天山得到了郁金香的母本，他们经过一系列的杂交、繁殖、培育后，使其成为荷兰的国花，但大家都不知道郁金香生长在天山哪个位置。在新疆天山申报“世界自然遗产地”期间，植物专家在喀拉峻大草原发现了郁金香的母本。

⑫垂直带谱，是指山地自下而上按一定顺序排列形成的垂直自然带系列，这种现象主要受到山地所处的地理位置和山体本身特点的影响。

⑬喀拉峻地区随着海拔的递减形成了鲜明多样的层次，分别可以看到蓝天白云、雪山、森林、草原、大峡谷五个层次，可谓一山五景。

⑭阔克苏河在克孜阔拉一带蜿蜒，形成了九曲十八湾的美景。

⑮在阔克苏河边有一处草原，恰似美女优美的身段，曲线之美令人神往，俗称“仙女背”。

⑯阔克苏为龙河，库尔代河为凤河，两河在此交汇后进入喀拉峻湖，俗称“龙凤河”。在两河交汇前的“几”字形拐弯处，恰如一只鳄鱼趴在河水里，它的身体、头、眼睛、嘴巴、牙齿惟妙惟肖，形象逼真，被人们称为“鳄鱼湾”。

⑰顶冰花，俗称“野百合”，是喀拉峻草原开春后的第一茬花。

⑱喀拉峻吸引了国内外诸多媒体人的目光，在此拍摄了电影《鲜花》《一路红尘》《九州海上牧云记》《飞驰人生》《天边加油站》等，还拍摄了专题纪录片《特克斯是个圆城》《中国影像方志——特克斯篇》《乌孙古道上的特克斯》等。

⑲从2007年起，特克斯举办了多次“天山文化体育旅游季”活动，国内外著名摄影师、画家纷纷来此创作并举办国际性摄影大赛等。

库什台赞

靳文涛

国家批名村，新疆四个揽①。
伊犁自治州，库什台入选②。
公主嫁乌孙，西域汉朝联③。
往返跨天山，这里是驿站④。

解忧后代兴，忠魂留天山⑤。
乌孙三子女，王将夫人全⑥。
弟史嫁龟兹，莎车王万年⑦。
众多随行人，血脉融民间⑧。

古道岩画多，绵延黑英山。
东汉刘平国，刻石记守关[9]。
乌孙古墓群，烽火遗址显。
医院石头垒，战备粮仓坚[10]。

房屋造型美，木构博物馆[11]。
黑土做保温，房顶花草满[12]。
榫卯掏扣拱，抗震易搬迁[13]。
建筑手工艺，多项非遗产[14]。

果盘散子馕，摆满塔尔汗[15]。
酥嫩烤全羊，餐前礼俗严[16]。
风干牛羊肉，纳仁和抓饭[17]。
松枝熏马肠，美酒歌舞伴。

人人善歌舞，民族服装艳。
阿肯弹又唱，幽默不间断[18]。
姑娘追小伙，马鞭示情缘[19]。
龄童能赛马，叼羊是猛男[20]。

墨绿天籁林，雪峰伴云杉。
清泉荡碧波，雾绕林中院。
百鸟齐欢唱，雄鹰傲蓝天。
牛羊肥又壮，马驹在撒欢。

东西喀拉峻，本村后花园[21]。
天然大氧吧，避暑康养苑。
夕阳朝霞美，星光更璀璨。
仙境库什台，世外桃花源。

①新疆维吾尔自治区共有四个中国历史文化名村，分别是哈密市的阿勒屯村和博斯坦村，吐鲁番市的麻扎村和伊犁州特克斯县的琼库什台村。

② 琼库什台村是新疆伊犁哈萨克自治州乃至整个北疆片区唯一的中国历史文化名村，是新疆唯一能反映西汉与乌孙交流、交往、交融的中国历史文化名村，是唯一能反映哈萨克族历史文化、风土人情的中国历史文化名村。“琼库什台”是哈萨克语，意为“大桦树沟”，因这一带有很多高大的桦树。

③西汉时期，先后有刘细君、刘解忧两位公主嫁到乌孙，对西域纳入中国版图做出了重要贡献。

④细君公主、解忧公主远嫁乌孙时要走乌孙古道跨越天山，也就是从今阿克苏地区拜城县黑鹰山的关隘处进入（乌孙古道南入口），翻越天山就到了今特克斯县的琼库什台村（乌孙古道北入口）。来往的客人都要在琼库什台休整或补充粮草等。

⑤解忧公主在乌孙生育了三男两女五个孩子，孙辈及其后代更多，最终都融入了天山南北的各民族中。

⑥在解忧公主的子女当中，有三个留在了乌孙，其中：长子元贵靡，为乌孙王；三子大乐，为乌孙大将军；次女素光，嫁给了乌孙翎侯。

⑦次子万年，当了莎车王；长女弟史，嫁给了龟兹王绛宾。

⑧解忧公主的后代及其众多随行人员、往来的商人等绝大多数都在当地结婚生子，融入了西域各民族。

⑨从琼库什台至黑鹰山的乌孙古道上有很多岩画，特别是在黑鹰山的崖壁上，有东汉刘平国将军的摩崖石刻，记录了当时他和其他人员驻守关隘的情景。这里是国家级文物保护单位。

⑩琼库什台村及周边有战备粮仓遗址和依山而建石头垒成的医院遗址。

⑪由于琼库什台村就建在原始森林里，所以牧民们就地取材，用原木搭建房屋。由于这里地处偏远又提前进行了有效保护，所以它是伊犁州唯一一处保存完好的木结构建筑群，被誉为“木结构建筑的博物馆”。

⑫房屋骨架盖好后，牧民们就把当地的黑土铺到房顶作为保温层（由于当地的土质都是森林腐殖土，所以全是黑色的并非常轻），再用草泥抹两遍作为防水层。由于当地雨水丰沛，黑土中又含有花草的种子，于是花草就长到房顶上了，与草原融为了一体。

⑬木屋的榫卯结构特别坚固，四周的墙壁形成了一个整体，所以抵抗地震的能力特别强。

⑭哈萨克族建造木屋的技艺和其他室内装饰品手工艺，有十多项已成为国家和自治区、自治州的非物质文化遗产。

⑮“塔尔汗”是“达斯塔尔汗”的简称，哈萨克语，意为桌布。哈萨克族牧民为了轻便，就餐时不用桌子，他们在用餐前将一块约三个平方米的长布摆放在炕上，布上再摆满各种糖果、饮料和美食，布的四周按长幼次序围坐用餐人员，用餐后及时收掉食物和餐布，晚上就可以在炕上睡觉，这样既轻便快捷又不占用空间。

⑯烤全羊是哈萨克族接待贵宾最具特色的美食，是将刚宰的一岁羔羊腌制两个小时后，在特制的大馕坑里进行约一个多小时的烘烤，出炉后将整只羊搬到餐厅，由主宾上前拿起削肉的刀，先削一小块放到自己的嘴里并端起酒来，为感谢主人的盛情款待提议大家共饮一杯；第二刀将羊的耳朵割下来，送给本桌最年轻的客人，以示让他更听长辈或领导的话；接下来再把羊脸上的肉，一小片一小片地削下来，每削一片依次送给一位客人，意思是给每一位客人面子，但客人在吃这片肉之前要喝一杯酒；然后就由工作人员分割肉，按长幼顺序将不同部位的肉分给不同的客人，绝不能分错；最后主持者提议大家再共饮一杯，之后方可吃肉。

⑰“纳仁”和“抓饭”都是哈萨克族的特色饮食。“纳仁”将用肉汤下的面条捞出后放在盘子里，再把肉切成碎末拌面条一块吃。“抓饭”是由肉、大米和黄萝卜经过一定的加工而成的美食。由于哈萨克族牧民习惯用手直接抓着吃，所以叫“抓饭”。

⑱“阿肯弹唱”的全称是“阿肯阿依特斯”，意为“诗人的对唱”。阿肯弹唱以冬不拉为乐器，歌手触景生情，即兴创作。阿肯弹唱曲调优美，语言生动、形象、幽默、通俗易懂，是哈萨克族广泛流传的最古老的艺术表现形式之一，被列入首批国家级“非物质文化遗产”名录。每逢节日、婚嫁，哈萨克族都要举行隆重的阿肯弹唱会。

⑲“姑娘追”是哈萨克族传统的相亲娱乐活动。比赛活动设定一个终点，去时小伙子和姑娘两人并辔而行，小伙子可以用语言挑逗姑娘或倾吐爱情，姑娘含羞默不作声，不能反抗；到达终点返回时，小伙打马而逃，姑娘则在后面紧追不舍，追上后便用马鞭抽打，以报复小伙子的调笑，但小伙子不能还手。如果姑娘

中意小伙子，那她就会把马鞭高高举起，轻轻落下，以此定下情缘。

⑳“赛马”“叼羊”是哈萨克族传统的文体活动，赛马比的是马的速度和耐力，负重越少越好，因此赛马的选手主要是小孩；叼羊需要在马上撕扯抢夺羊只，比的是体力和马术，非壮汉不能胜任。

㉑琼库什台村在喀拉峻遗产地的缓冲区，地处喀拉峻的正南方向，所以称喀拉峻为琼库什台村的后花园。

第六章
国家AAAA级旅游景区阿克塔斯概况

“阿克塔斯”，哈萨克语意为白石山，位于特克斯县城北面的乌孙山上，是八卦城的“靠山”，当地人称它为“玄武山”，距国家历史文化名城特克斯八卦城12公里，距国道G577约5公里，景区总面积500平方公里，目前展示区面积61平方公里。

一、阿克塔斯的景观特点

阿克塔斯景区独特的地理位置和气候环境，使它集山、林、草、谷于一体，景色秀美，空气清新，负氧离子含量高。这里有云雾缭绕、忽隐忽现的姑娘峰，有粗壮挺拔、直冲云霄的雪岭云杉原始森林，有清澈见底、曲折环绕的泉水溪流和深不见底的峡谷，还有绵延起伏、五彩斑斓的天然草原。

这种独特景观造就了梦幻般的人间仙境：红日东升，映照在满山的五花草甸之上，使点点露珠更加晶莹剔透，如同花海里点缀的珍珠；初醒的牛犊和马驹在晨光下奔跑追逐，天上的雄鹰在蓝天白云之间翱翔觅食；夕阳西下，遍地牛羊“哞”“咩”地唱着山歌陆续回圈，星罗棋布的毡房升起了袅袅青烟，马奶酒、羊羔肉的香气和牧民们冬不拉的弹唱声飘向远方……

这是一片原始静谧的人间净土，是集雪山、森林、草原、湿地、峡谷等自然景观和人文景观于一体的综合性景观群。

这里的著名景点有阿克塔斯姑娘峰、野花谷、求婚台、定情湾、石韵谷、岩画、草原石人、毡房部落和星空营地等。这里也有各种民俗体验项目。

阿克塔斯景观（一）

二、阿克塔斯优良的气候环境

1. 阿克塔斯景区是避暑胜地

阿克塔斯属温带亚干旱大陆性气候。按照团体标准《养生气候类型划分》，结合特克斯县近30年夏季气温、相对湿度、风速、日照时数和云量等指标，阿克塔斯夏季人居环境气候舒适度达到“最舒适”等级，度假气候指数（HCI）等级为“最佳”。

（1）温度

阿克塔斯年平均气温3.5℃，夏季（6—8月）平均气温15.5℃，日平均气温在15—25℃（最舒适）的日数≥100天，≥30℃高温日数为0天，气温指标评价为“优”。

（2）湿度

阿克塔斯夏季平均相对湿度为63%，适宜人体的相对湿度是45%—75%，这里的相对湿度均达到了优质标准，湿度指标评价为“优”。

（3）降水量

阿克塔斯年日照时数平均为2811小时，年降水量为664毫米，其中夏季降水量为295毫米，夏季降水日数为37天，其中夜雨日数为30天，占比80%，非常有利于动植物生长。它的降水指标评价为“优”。

2. 阿克塔斯景区是气候宜人的康养胜地

绵延起伏的草原和森林是天然的大氧吧。这里没有沙尘和工业污染，空气洁净度和负氧离子含量都达到了适宜度假、康养的最佳标准。

国家规定申报中国“天然氧吧”的指标是每立方厘米的负氧离子不少于1000个，而特克斯全县年平均是2600个，阿克塔斯景区的负氧离子年平均高达3800个。特克斯县2018年荣获“中国天然氧吧”称号，2019年被评为“全国避暑旅游十强县”。阿克塔斯景区则是特克斯县风景区的典型代表。

阿克塔斯景观（二）